ステップファミリーの子どもとしての私の物語

きむらひとみ

親の離婚・再婚でできた「ギクシャク家族」が「ふんわり家族」になるまで

Ψ
金剛出版

はじめに

「うちはどうしてうまくいかないんだろう」

母と母の再婚相手と暮らしながら、私は時々考えていました。

テレビや小説で見る「血のつながりのない親子」は、なんだかんだありながらも「親子」だと認め合って終わります。でも私は別に親子になりたくないし、でも今みたいに気まずく過ごすのも嫌で、でもどうしたらいいのかまったくわかりませんでした。周りに似たような家庭環境の友達もいませんでしたし、調べようにも何をどう調べたらいいのかもわかりませんでした。

「ステップファミリー」という言葉に出会ったのは大学生になって家を出た後でした。

その言葉を使ってネットで検索してみると、いろいろな情報が出てきます。それを自分の家族に当てはめて振り返り、「なるほど、こういうことだったのか」と思う一方、こうも考えました。「どうしてステップファミリーのことを誰も教えてくれなかったんだろう。どうしてあのころステップファミリーという言葉や、それについて調べる手段を知らなかったんだろう」と。

そしてひとつの考えが浮かんできました。今もどこかに「知りたい」と感じているステップファミリーの子どもや大人（ステップファミリーという言葉も知らないかもしれませんが）がいるのではないだろうか。それなら力になれることがあるのではないだろうか……。そこで私はこの本を書くことにしました。

ステップファミリーのことを知りたいと思っている、子どもの立場の方へ。そして子どもを支える大人の方へ。さらにステップファミリーの中の方だけではなく、その周りの方、サポートする立場の方にもわかりやすくステップファミリーのことを伝えていきたいと思います。もちろん、ただ他の人の人生が気になるという方もお手に取ってみてください。

この本は三部構成になっていて、どこから読んでもらっても構いません。一つ目は「体験したこと」。私の体験談です。母と母の再婚相手と三人で暮らした時期と、その前後の時期の三つの章に分けました。ステップファミリーになる前のことにはあまり興味がないかもしれませんが、新生活が始まったときの私の心境がわかりやすいように、かいつまんで説明しています。おそらく、それほどないケースなので、共感を得られないことも心配ではあるのですが、まぁ人生いろいろだなぁと感じていただければと思います。

二つ目は「知っておいてほしいこと」。ステップファミリーに関係しそうな用語や制度について説明しています。こういうことも知っていると、考え方や選択肢が広がると思います。私が「子どものころちゃんと教えてほしかったなぁ」、「これ決めるとき意見を聞いてほしかったなぁ」と感じた経験からテーマを選んでいます。

三つ目は「提案したいこと」。これからステップファミリーになる方へ、あるいはもうなっている方やその周りの方に向けた提案です。自分の体験や見聞きした情報を踏まえて、「こういうことに気をつけるといいのではないだろうか」という工夫を書いていきます。読んでみて、納得できたら試してみてください。

あとは言葉の説明をしておきたいと思います。ステップファミリーを簡単に説明すると、「親の再婚（あるいは親の新しいパートナーとの生活）を経験した子どものいる家族」のことです。例えば結婚して新生活が始まるときに、カップルのどちらか一方に前のパートナーとの子どもがいる、といった場合が当てはまります。このとき、子どもと親の新しいパートナーに血縁関係はないですが、同じ家族の一員ということになります。

また、継親・継父・継母といった言葉も出てきます。継親は親の新しいパートナー（たいていは再婚相手）のことで、「けいしん」と読みます。同じように継父は「けいふ」、継母は「けいぼ」といいます。

最後に私のステップファミリー観のようなものを書いておきます。読み飛ばしていただいても大丈夫です。

私はステップファミリーであることを受け入れる、つまり家族に新しいメンバーが増えることを受け入れるには、二段階のステップがあるのではないかと考えています。一つ目は形として受け入れる段階。例えば実親と継親が結婚したり、継親が同じ家に住み始めたりしたとき、「この人も新しい家族になるんだな」と割とはっきり感じられます。

これが形としての受け入れです。他の人が見てもわかりやすい、書類に残せるような、目に見える変化ですから、一旦の受け入れはしやすいです。

二つ目は中身としても受け入れる段階です。形だけではなく、自分の考えや気持ちとしても継親を家族として受け入れることです。これがなかなかやっかいです。まず、「これがあれば家族だと心から思えるようになる」という区切りがつきにくい。申請書や証明書があるわけでもなく、本人たちの気持ちでしかわかりません。家族の定義も人それぞれなので、親はみんな家族だと思っていても、子どもは家族じゃないと思っていたり、家族の中でもばらばらです。

一本筋の太い幹のような一段階目とは違って、二段階目ではパターンが広く枝分かれしていくような印象です。そうなると今から家族になろうとしている人たちは、どこを目標にしていいかがわかりません。「形だけでなく気持ちの面でも家族だと思ってほしい」と思っても、手がかりが見つからないのです。だからこそうまくいかずに悩む人も出てくるのだろうと思います。

私はこの本がそういう人たちの役に立てばいいと考えています。自分の体験談と、情報と、ちょっとしたご提案。たくさんある枝に少し目印をつけていって、「ここをこっちに行ったら、こうなるかもしれませんね」と記していくイメージです。多数派の一般的な家族の経験を参考にする方法もありますが、ステップファミリーにはそれが役に立たない場面が多くあります。ステップファミリーにはステップファミリーの、その家族にはその家族のやりやすい方法があるのです。ですから私も一応目印をつけはしますが、それを元にあなた自身が進みたいように進んでもらえればと思います。進む先を決めるお手伝いができれば幸いです。

目次

第二章　ステップファミリー生活から家を出るまで

Ⅱ　知っておいてほしいこと

Ⅲ　提案したいこと

I

体験したこと

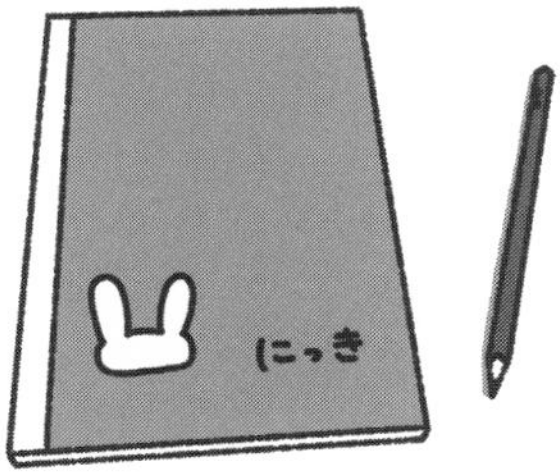

まずは体験談として、私の経験の中からステップファミリー、家族のことに関する部分を紹介していきたいと思います。自分で書いておきながら自分の行動が恥ずかしい部分もあるのですが、参考になれば幸いです。

主に記憶を元にして書いていますので、内容があいまいだったり、事実とは少しずれたりしている部分もあると思います。あくまで私の心に浮かんでくる過去の情景ですので、そこはご了承ください。

第一章　物心ついてからステップファミリーになるまで

私の家での記憶は、父子家庭（＋祖父母）であるところから始まりました。最初は楽しく暮らしていたのですが、だんだんと父親との関係が難しくなっていきます。そして耐えきれなくなってきたところで、すでに別の人と再婚していた母の家へと転がり込むことになりました。まずはステップファミリーになる（継父と暮らすようになる）までの生活を簡単に綴っていきます。

離れたところで暮らす母

物心ついたときから母は家にいませんでした。私が生まれたころは一緒に住んでいたようですが、二、三年くらいで離婚したようです。

家にはいませんでしたが頻繁に会っていたので、『母親がいない』と思ったことはありません。「母親は？」と聞かれれば声や顔をすぐ思い浮かべることができるぐらい身近な存在。ただ別々に暮らしているというだけで、何の違和感もありませんでした。

周りの友達も、私の家に母親がいないことを気にしてはいないようでした。「なんでお母さんがいないの？」と聞かれたことは覚えている限りで一度もありません。もしかすると「家にはいないんだけど、別のところにいるんだ」と自分から話していたかもしれませんが。何はともあれ、友達関係で嫌な思いをしたことはありませんでした。

自分にとっては当たり前

「母が家にいてくれたらな」ともあまり思いませんでした。父親と母の仲がよくないことは言われなくてもなんとなくわかります。母が家にいないことに不満もありませんでした。父親だけでなく祖父母も一緒に住んでいたので、たくさんかわいがってもらっていました。

母のことは好きでしたし、母と会うのはとても楽しみなことでしたが、別々に暮らすことが当たり前すぎて一緒に暮らす生活なんて思いつきもしませんでした。

二人の離婚の理由については、成長するにつれて少しずつ気になるようになりました。「もしかしたらどっちかが浮気したのかな。えっ、どっちが?」と一人であれこれ考えてはみたのですが、どっちに聞くにしても気まずく、結局聞くことができたのはだいぶ後になってからでした。

母と会う頻度は月一、二回くらいでした。一般的に「面会交流」と呼ばれるものですが、私にとっては楽しみな「母と会える日」でした。

母だけでなく母方の祖父母や親戚に会うこともありました。正月の集まりなどにも参加し、自分も母の子どもとして混ざって楽しんでいました。母と祖父母と一緒に遠出をすることもあり、写真もたくさん残っています。

もちろん父方の親戚とも会う機会はありました。おそらく両親と一緒に住んでいる子どもと同じように、父方の親戚、母方の親戚という二つのグループ、その両方に加わっているという感覚だったと思います。

ちょっと休みが多いだけ

父親は自営業をしていて、よく家で机に向かっていました。その間は祖父母が遊んでくれていました。習い事の時間になると父親が送り迎えをしてくれます。

小学校のころの習い事は学習塾とピアノと水泳。週二のものもあるので、週の半分以上は何かしらの予定がある状況でした。習い事も小学校に入る前から続けていたので、母が家にいないのと同じく当たり前になっていました。いま思うとよくやっていたなと思います。

学校の宿題と同じように習い事でも宿題が出ます。夜はご飯を食べて学校の宿題をして、塾の宿題をして、ピアノの練習をして寝る、という感じでした。

ちょっと無理をしていたのか、たまに学校を休みました。学校に行ったとしても、ちょこちょこ保健室に行きベッドで横になっていました。保健室の布団は家のとは違い、いいにおいがしました。

もちろんずっと体調が悪かったわけではなく、保健室以外の学校生活もとても楽しんでいました。周りからも「ちょっと休みが多いだけの子」として、あまり心配されてもなかったでしょう。

唐突に知らされた結婚

あるとき、母が再婚したことを父親から知らされました。いきなりのことで特にリアクションもとれませんでしたがショックを受けていたと思います。その場に母がいないこともあってか、とても遠くに行ってしまったように感じました。
その後、母と電話しました。結婚の話に触れたかどうかは忘れてしまいましたが、母の声がいつもと変わらないことに安心したのは覚えています。結婚したからと言って母と会えなくなるわけでも、母が冷たくなるわけでもありませんでした。

変わったことといえば母の再婚相手と会う機会が出てきたことです。最初に母から「(父親には再婚相手と私を) 会わせないように言われているけど、別に会ってもいいよね?」と聞かれました。私は特に何も考えずに「いいよ」と答え、「よかった。じゃあ会ったことは秘密ね」と母は言いました。

実際に目の前にその人が現れたときの感想は「まったく会ったことのないタイプだ」でした。父親とも正反対、他の親戚や学校の先生にもいないタイプ。母の再婚相手といえども、どうしていいかわかりませんでした。現実感がないような、テレビで見ているような、半透明の幕のようなものが私とその人を遮っているような変な感じです。今思えば「母の再婚相手」の存在がまだ受け入れられていなかったのかもしれません。当時の私は別に仲良くなる必要もないかと見切りをつけ、あまりその人を気にしないようにしました。母が間に入ることで一応会話はしていました。

母との秘密ができたので、ドキドキして嬉しい気持ちもありました。一方で父親に「（再婚相手には）会ってない」と嘘をつかなければならず、そのときは心苦しかったです。その板挟みもあって私はなかなかその人と打ち解けられなかったのかもしれません。そうではなく単に私が人見知りだったからか、あるいは母との二人きりの時間をその人に邪魔されたようで怒っていたのかもしれません。ともかく結局その人のことはそこまで好きになれませんでした。

小学校中学年まで

父親との関係性……☆☆☆☆
母との関係性………☆☆☆☆
継父との関係性……☆

私から見たそれぞれとの関係性を星の数で表現してみました。その人が「いい」とか「悪い」とかそういうことではなく、あくまで私が感じていた関係性の表現です。

父親と母が離婚した後、私の親権は父親にありました（親権については後で詳しく説明します）。私は父親と祖父母と暮らして、たまに母や母方の祖父母に会ったり、途中からは母と継父と三人で会ったりもするという状況でした。

このころは家のことにはまったく不満も不信感もなく、友達や学校のことで頭はいっぱいでした。体調が悪いこともありましたが、だいたいは楽しく充実していたと思います。本題はここからなので、さらっと次にいきましょう。

行きづまっていく生活

さて、話題を父親との暮らしに戻します。父親や祖父母との暮らしは楽しいものでした。ただ、楽しかったのは小学校中学年ぐらいまででした。私が成長して周りとの比較ができるようになると、父親はどこか変だと感じるようになりました。それに加えて父親の行動もエスカレートしてきました。

例えば近くの公園で遊んでいると、途中に何度か様子を見に来るのです。友達のお父さんお母さんはそんなことしません。自分の父親だけ来るのが嫌で、どこに遊びに行くかは言わないようにしました。しかし今度は学校への行き帰りのときに距離を取りつつ、ついてくるようになりました。

監視されているようで気持ちが悪かったので「やめて」と何度も言いました。しかし父親は「わかった」と言いつつ何もやめてくれません。話が通じないことも気持ち悪い。そういうことが積み重なり、一緒にいることすら気持ち悪く感じるようになりました。私はひとりで行ける近くの学習塾だけを残し、父親の送り迎えが必要なピアノや水泳をやめました。ただ学習塾の行き帰りでも父親の姿を見かけることがあって、げんなりしました。中学生になっても父親の行動は続きました。

進学については「ここに行け」「ここはだめだ」とにかく指図してきます。私のことを思ってのアドバイス、とは到底思えません。嫌気がさした私が父親の話を無視するようになると父親は直接学校の先生に話をするようになりました。中学校の二者面談で先生が「お父さんが言っていたのだけど……」と話し始めたとき、私は思わず先生をにらんでしまいました。

お風呂にも困りました。私がお風呂に入っているところまで様子を見に来るのです。小さいころは一緒に入っていたのかもしれません（その辺りの記憶はないのですが）。しかし物心がついてきて「お風呂に来られるのは嫌だ」と言っても、父親はドアの前まで来たり開けたり……。気持ち悪いこと、この上なかったです。仕方ないので父親が家にいないときに入るしかなく、お風呂に入らない日もありました。

私が昼いないときや夜寝ているときに、私の部屋に勝手に入っていることもありました。ゴミ箱の位置がずれていて中身が一度出された感じがあったり、夜中にふと目を開けると暗い中で目が合ったり。これも「やめて」と言っても通じません。自分の領域が侵害されているようで気持ち悪く、寝るときは布団を頭までかぶるようになりました。

私は自分の家でも自分の部屋でもリラックスすることはできませんでした。

そのころ父親は仕事がなくなったのか、しなくなったのか、とにかく時間があり余っているようでした。夜に出かけて朝帰ってきてぐったりしていることも増えました。お酒臭かったので酔いつぶれていたのだと思います。煙草のにおいもしました。そんな父親に対し祖父が怒り、二人で怒鳴りあうことが続き、祖父は常にイライラするようになりました。身体を悪くした祖母は施設に移ります。私は自分に必要な家事だけ自分でやっていました。食事代は置いてあったので、主にコンビニ弁当や菓子パンを食べていました。


……この監視があって気持ちが悪くていつも緊張させられているような状況が五年くらい続きました。精神的にきつかったので、二年ほど経ったころから私はハリネズミが丸まるように、父親と関わることを拒絶して部屋に籠るようになりました。学校には行っていましたが、家の中でひきこもりになったのです。

ひとりで過ごすこと自体は特につらくありませんでした。もともとひとりの時間は好きでしたし、勉強、読書、ゲームなど一人でできることは大抵楽しめました。ただ家での暮らし全体を見ると、ストレスが溜まる一方で解決策も見つからず、息が詰まるものになっていました。

見つからない解決策

この家の状況をなんとかできないかと頭の中ではいろいろと考えました。子どもの考えなので、いま考えるとつっこみどころはたくさんあります。

まず、家を出て警察になんとかしてもらう作戦が浮かびました。家を飛び出して近くの交番に駆け込み、「助けて」と訴えます。しかし暴力を受けることはなかったので、結局父親が交番に呼ばれて一緒に帰らされるのだろうと思い却下になりました（当時は暴力だけが虐待だと思っていました）。

次に自分がどうにかなる方向性です。最初は風邪をこじらせて入院して、いったん家から逃れる作戦を考えました。風邪をひこうと思い、実際に夜ベランダに出て座り込むところまではしたのですが、眠たくなってきたのと明日も学校があるのとで部屋に戻って寝ました。

先生にたくさん心配されて「先生がなんとかするから」と言ってもらうために、自分で自分を傷つける作戦も考えました。手首が定番かなと思ったのですが、変に切って死んでしまうのが怖かったので、まず肩で試しました。よく見ないとわからない程度の傷でしたし、肩を出す機会もないので誰にも気づかれず、作戦は失敗でした。

が、痛みが癖になり、しばらく続けていました。先生へのアピールのためでなく、そのときの自分のために。大人になって調べてみるとエンドルフィンという脳内物質のせいでやめられなくなるということがわかりました。現実問題の解決にはつながらず、むしろ問題は増えるだけなのでマネしないでください。代わりの方法はいっぱいあります。

あとは父親をどうにかするしかないと考えました。しかし一対一では勝ち目はないでしょう。毒ならなんとかなりそうですが、手に入れる手段がありません。家ごと燃やすとしても父親に逃げられそうなうえ、祖父は巻き込みたくありません。ご近所さんにも迷惑をかけたくありません。

いろいろ考えてはみたものの、結局実行したのは自分を傷つけることだけで、ほとんどは頭の中でおしまいです。でも何度も頭の中で考えました。何度も何度も。

しかし自分をどうするにしろ、父親をどうするにしろ、途中で浮かぶのは母のことです。母は悲しんでくれるかな。犯罪者の母にしてしまったら申し訳ないな。そう思うと考えが止まります。

あとは学校のことです。学校に行けなくなって友達に会えなくなるのは嫌だな、と思うと結局何もできませんでした。ありがたいことです。

ちなみに中学校のころ、担任の先生に「よくグレなかったな」と言われました。私は「私ってグレてもおかしくないほど、先生から見ても大変な状況なんだな」と妙に納得し、その先生の言葉を「よくがんばってるな」くらいにポジティブに受け取りました。しかし、いま振り返ってみると「いや、大変だと思うならなんとかしてくれ」と思ってしまったのですが、これはワガママでしょうか。

息をつける場所

私にとって中学校は楽しい場所でした。学校の中にまでは父親も簡単には入れません。父親の視線を気にせず、リラックスすることができました。

特に部活はのびのびとした気持ちで打ち込むことができました。毎日の楽しみは部活にあったと言っても過言ではないでしょう。美術部で友達とおしゃべりしながら、自由に絵を描いていました。顧問の先生もとてもやさしい先生でした。家の自分の部屋にひきこもる時間とは打って変わって、思いっきり開放的になれる時間でもありました。

友達の中には状況はまったく違うけれど、家族との仲がうまくいっていない人もいました。そういう友達と話すと「私は一人じゃないんだ」とほっとしました。

家でのストレスが原因だと思うのですが、小学校のころよりも体調の悪い日が増え、保健室で過ごすことも増えました。保健室の先生は何かを提案することはありませんでしたが、私の気持ちをじっくり聞いてくれたので少し心が軽くなりました。

部活の顧問や保健室の先生に加えて、学習塾の先生も私にとって信頼できる大人でした。勉強の進め方について私の意見をとても尊重してくれました。『塾の先生に家のことを相談する』という発想がなかったので、家のことを相談できたわけではありませんでしたが、なんというか、憧れの先生として印象に残っています。母だけでなく信頼できる大人が周りにいたことで、私は犯罪に走らずすんだのでしょう。

担任の先生に勧められてスクールカウンセラーの先生に相談したこともありました。どんなアドバイスをくれるんだろうと期待しながら自分の気持ちを話しました。しかしスクールカウンセラーの先生はわかったんだがわかってないんだかよくわからない反応ばかりで、終わりの時間になると「何かあったらまた来てね」とだけ言ったのです。「毎日つらいって言ってるじゃん。毎日〝何か〟があるんだよ！」と心の中でつっこみました。私はとてもがっかりし、二度とスクールカウンセラーの先生には頼りませんでした。

いま考えてみると私もつらいことを具体的に伝えられておらず、先生からしてもすぐに何かしないといけないほど差し迫った状態に見えなかったのだろうと思います。ただ当時の私は「大人は父親に対しては何もしてくれないんだ」と諦めてしまいました。悩みを聞く専門の先生が何もしてくれないなら、大人はみんな何もしてくれないだろうと思ったのです。あれから時間が経ちましたが、いまのスクールカウンセラーならどう対応するのか、少し気になるところです。

心の支えだった母

家での生活は変化していましたが母との関係は変わらず、月に一回くらいは会っていました。その半分くらいは母方の祖父母の家に行って、残りの半分は母と継父と三人で過ごしていたと思います。

一度だけ三人で某テーマパークに遊びに行ったことを覚えています。そこまで継父と仲良くもなかったのでワクワクというよりはソワソワという感覚でした。アトラクションに乗ったのかも覚えていません。しかし三人で写真を撮ったことはよく覚えているので印象的ではあったのでしょう。

中学生になってからは自分の携帯で母と会う約束をするようになっていました。しかし待ち合わせの場所までは車で行く必要があったので、どれほど父親と話すのが嫌でも、同じ車内にいるのが嫌でも、日時を伝えて車に乗らなければなりませんでした。母に会えなくなるのは何に代えても避けたいことでした。

いま思えば交通機関を使ったり、母に迎えに来てもらったりすればよかったのですが、『待ち合わせ場所まで父親に車で送ってもらう』ことが当たり前になりすぎていて、そこを変えるという発想が浮かびませんでした。思いつかない、ということは本当に怖いことです。

嫌なことを乗り越えて母に会ってしまえば、それまでどおり楽しい気持ちになれました。もともと父親の話は母の前でしないようにしていたので、家での状況を話すこともありません。母も普段の話はあまり聞こうとはせず、その場を楽しく過ごそうとしているようでした。

おかげで母といるときは普段の暮らしをまるきり忘れられました。心の中のもやもやに支配された部分を切り落としてすっきりしたように、純粋に楽しむことができました。そして家に帰るとまた元の自分に戻っていました。嫌な思いや無力感に苦しむ自分です。以前は母と過ごす私も父親と過ごす私も変わらない一人だったのですが、父親との関係が悪化してからは、違う私を使い分けているようでした。

思いがけず助けを求める

母との時間は何もかも忘れて楽しみたいと思っていました。母はもう離婚してうちのことには関係ないのだから、迷惑をかけたくないという気持ちもありました。母はちゃんと父親から逃れられた人なのです。その母にまた父親のことで煩わせたくありません。しかし高校受験もあり、父親の行動もエスカレートし、私は自分でも気づかないうちに追い詰められていたのだと思います。あるとき私は母と会ってもうまく気持ちを切り替えられず、母の車に乗った瞬間泣き出してしまいました。

心配した様子の母にいくつか質問され（父親のこと？　とかそういった質問だったと思います）、ぽつぽつ答えていきます。そして私が「帰りたくない」と言うと、しばらくして母は「うちで暮らす?」と言いました。私はとても驚きました。そんなことを言われるとは思っておらず、一緒に暮らすことを考えたこともなかったのです。

私にとって母は「別の家に住む人」で、「他に家族がいる人」でした。「だから母と私は一緒に住まない」、これが私の当たり前でした。

それまで考えたこともなかった選択肢でしたが、言われてみると唯一の解決策に思えてきました。「母と住みたい」というよりは「父親と離れられるなら何でもいい」という気持ちの方が強かったかもしれません。私は「そうする」と答えました。

日にちを決め、帰って荷物をまとめ、私は家を出ました。そして母とその再婚相手……継父となる人が住む家に行きました。私のステップファミリー生活の始まりです。

中学三年生

父親との関係……★★★★
母との関係……☆☆☆☆
継父との関係……☆

定期的に母と（たまに再婚相手とも）会う、というのは変わっていないのですが、父親との関係が劇的に悪化したのがこの時期です。悪化というか、一方的に嫌いになりました。家では不満、怒り、無力感に自分がぼこぼこにされながら、黙って耐える日々です。その一方で学校の中では、父親のことを頭から消し去り友達と楽しく過ごしていました。

母は私が泣くまで本当に何も知らなかったと思います。のちに「いつかは私が引き取ろうと思っていた」と教えてくれるのですが、「ほ、ほんとう?」と疑うほどには、私の暮らしぶりを気にしている様子がありませんでした。

第二章　ステップファミリー生活から家を出るまで

ここからやっとこの本のテーマでもある、ステップファミリーとしての生活を綴っていきます。広い意味で考えると母と継父が結婚したときからすでにステップファミリーだったと言えるのでしょう。しかし一緒に住むまで継父のことを家族だと考えたことはなかったので、私にとってはここからがステップファミリーの始まりとなります。そして私が大学進学を機に一人暮らしを始めるまでで一区切りとなります。

新しい家と『家族』

あれよあれよという間に母や継父と暮らすことになりました。新生活について何から説明したものか、と思いますが、ひとまず新しい家の中の様子から。母が住んでいたのはマンションだったので広いわけではありませんでしたが、ありがたいことに一部屋を空けて私にくれました。新しいシンプルな机と椅子。それとベッドと本棚。それが私の部屋でした。家を移ったのは高校に進学してからだったのですが、母の家からも通える距離だったので転校せずにすみました。

たいていは母が日中、継父が夜に仕事に行っていました。平日は朝ご飯を母と食べ、学校へ。家に帰ったら継父が仕事へ行く準備をしていて、私は自分の部屋で宿題などをします。夜ご飯ができたら呼ばれるので、リビングで一緒に食べました。夜ご飯の前後に母が帰ってきて継父は仕事に行きます。

土曜も母は仕事のことが多く、私も特に用事がなければ家にいたので、日中は継父と二人きりでした。継父はリビングでテレビを見たり、仮眠をとったりしていることが多く、私は部屋で勉強したり漫画を読んだりしていました。これまた昼ご飯ができると呼ばれるのでリビングに向かいました。夜は平日と似た感じです。

日曜は母が休みのことが多かったので、買い物に行ったり祖父母の家に行ったり、二人で外出する日になっていました。

一緒に住むようになっても母と過ごす時間は意外と増えず、当時の私は少しがっかりしていました。その代わり継父と一緒に過ごす時間が増えました。継父と二人きりの時間というのはまったく想像していなかったので、私は自分がどう振る舞うのが正解なのかわからず、なかなか慣れませんでした。

あとは、ただただ父親から離れたくて家を出たのですが、父方の祖母と祖父のことは気がかりでした。なんとなく話す機会も話したい気持ちも少なくなってはいたのですが、家に父親がいないときには少しだけ話すこともありました。小さいころは、たくさんかわいがってくれた思い出もあります。

家を出るときに祖父とは少しだけ話をしましたが、祖母とは会えずじまい。せめてちゃんと話をしたかったなと後悔していました。母と住み始めてからも会おうと思えば会えたのかもしれません。しかし母に頼もうにも申し訳ない気がすること、もし祖母や祖父と会っても二人を見捨てたような私ではやっぱり申し訳ない気持ちになりそうなこと、絶対に父親とは関わりたくないこと……いろいろ考えて二人に会いたいということは誰にも言えませんでした。

数年後、それぞれ亡くなったということだけ母から聞かされました。家のお墓の場所は覚えていたので後日こっそり墓参りに行ったのですが、もっと話せばよかったという気持ちはいまでも心の底に残っています。

気まずいリビング

さて、前の家では家庭内ひきこもりを何年もしていた私です。一人で楽しく過ごす術も身につけています。父親のストレスはなくなりましたが継父と二人きりにも慣れていません。

結局どうなったか。新しい家でも私は自分の部屋からあまり出ませんでした。ご飯のときはリビングに行きましたが、そこでも静かに小さくなっていました。話しかけられれば返事をしますが、そっけない返事しかできません。反抗期というほど反抗はしないのですが関わりを避けるという点では似ていたかもしれません。「そのうちなんとかなるだろう」という想像はあったのですが、全然そんなことはありませんでした。

継父とだけならまだわかるのですが、母とも一緒に住む前のようには話せなくなってしまいました。自分でも不思議だったのですが、うまく言葉が続かない、うまく笑えない、という感覚です。

「継父がそこにいること」の影響は大きかったかもしれません。それまで継父と過ごすことは「ごくたまに」だったのが「ほとんど」になり、私の中で継父を意識する気持ちが強くなりました。継父がいる空間で母と話すとなると、どうしても「継父が聞いている」「どう思われるだろう」と気になってしまい、緊張して話しにくくなっていきました。「私」を使い分けられなくなった、という理由もあると思います。それまでは母と会うときとそれ以外で「私」を使い分けていたのですが、一緒に住み始めるとそうもいかなくなりました。もやもやしている私を隠し通すことが難しく、気まずくなったのかもしれません。好きな人にはかっこ悪いところをみせたくない、みたいな感覚です。

さらに、このあと具体的なエピソードが出てくるのですが、一緒に住み始めてから母をどこか遠く感じるようになっていきました。わだかまりを残す出来事が少しずつ積み重なり、うまく話すことがより難しくなっていったのだと思います。

話せないことについて、自分でもどうしたらいいかわかりませんでしたし、母も継父も戸惑っていたことでしょう。母には結構「もっとしゃべりなさい」と言われました。それに対して当時の私は（うざ）と思っていました。

きっと心の奥ではリビングでリラックスして、母と継父と楽しく会話したかったのだと思います。しかしどうすれば自然に話せるかわからないのに、母に「話しなさい」とだけ言われて腹も立ちました。そう言うなら具体的な解決法を教えてくれればいいのに。私は二人の家に持ち込まれて気まずい雰囲気をまき散らす外来種のような感じでした。

異性ならではのこと

思春期で、しかも（当たり前ですが）継父が男性で、気がかりだったのは生理のことでした。なにかしら嫌な思いをするんじゃないかと勝手に想像していたのですが、意外とその部分は大丈夫でした。

私は生理痛がつらいとき、母に言って学校を休んでいました。部屋で寝ていると昼には継父が帰ってきます。そして「腹痛いの大丈夫か？　胃腸薬飲むか？」と的外れなことを言ってくるのです。（そういうことじゃない……）と頭の中でつっこみつつ、自分で持っている鎮痛剤を飲んでいました。たぶん母も継父にはおなかが痛いことしか伝えていなかったのでしょう。継父に生理の心配をされても気持ち悪かったと思うので、これは母のナイス判断でした。

私にはわからない話

母と継父はお互いが関係性のある職場で働いていて、家でも二人で仕事の話をしていることがありました。私がリビングにいるときはもちろん、自室にいるときにもうっすら聞こえてきました。

そういうとき私は「また仕事の話してる……」とあきれつつ、疎外感のようなものを感じていました。二人にしかわからない話でしたし、たまにとても楽しそうにしているのもわかりました（このときは仕事の話ではなかったのかもしれません）。疎外感というよりは、もっと子どもっぽい「あー！　また二人で内緒話してる！」という感覚かもしれません（内緒にしている様子もなかったのですが）。

一緒に住み始めはしましたが、実際は［母＋継父］があるところに［母＋継父］＋私となった形です。どうしても自分だけがよそ者であるような感覚が消えませんでした。

仲がよさそうな母と継父でしたが、たまに継父が母に怒っていることもありました。二人で会話を楽しんでいるよりもこっちの方が堪えました。

自分の親が別の大人に怒られているのを見るのは、たぶん誰でも気持ちのいいものではないと思います。さらに母は継父が好きで結婚したはずなのに、その継父に怒られているのを見たり聞いたりすると、なんだかつらかったです。そして黙って聞いているだけの自分もあまり好きではありませんでした。

別に継父も怒っているというよりは注意しているつもりだったのかもしれないですし、母もその後は明るく振舞っていました。ですから私がいちいちダメージを受けるほどのことでもなかったのでしょう。それでも当時はやはりつらかったです。聞きたくない話も耳に入りやすくなるので、余計にリビングに気まずさを感じていたのかもしれません。

母が望んだこと

　母にとっての大きな問題がひとつありました。それは継父の呼び方です。私は継父のことを一緒に住む前から「おっちゃん」と呼んでいました。なぜそうなったかは覚えていませんが、たぶん周りの誰ともかぶらない呼び方だったのでしょう。継父もそれを受け入れているようでした。

　しかし一緒に住み始めると二人きりのときに母が「お父さんって呼んだら？」と言い出しました。「喜ぶと思うよ」と。

　私は心の中でとっさに（いや、無理！）と思いました。実際には嫌だと言うのもかわいそうだなと思い、「あー……」と生返事を返しました。母は「えー呼んだらいいのに」と食い下がりましたが、私が黙っているとその場は諦めたようでした。

　しかし同じようなことをその後も何度も言ってきました。そのたびに私はもどかしい気持ちになりました。「母の言いたいこともわかるんだけど、そういうことじゃないんだよなぁ」という感覚です。母とは考え方が全然違うんだと気づかされました。

そのころの私は、一緒に住まわせてもらって食事なども用意してもらっていたので、継父に対してありがたさは感じていました。しかしもともと別に実父はいて、私にとって嫌いで苦手な存在でした。ですからわざわざ継父を「お父さん」と呼んで嫌いな存在と重ね合わせる必要はないと思ったのです。

それに呼び方を変えれば仲良くなれるわけでもないですし、呼び方を変えないからといって感謝していないわけでもないと思っていました。それなら呼びやすい呼び方がいいじゃないか、と。

ただ当時の私は「あー……」としか言わなかったので、母も諦められなかったのでしょう。何度も同じやり取りをすることになってしまいました。継父自身がどう思っていたのかは今となってもわかりません。

家事との慎重な関わり方

ここでいったん楽しい（?）話を。家を移ってきてから私は家事をしなくなりました。自分の部屋の片づけは自分でしていましたが、それ以外の掃除機をかけたり、シーツを変えたりといったことは母がしてくれていました。

食事も毎食用意してもらっていましたし、学校のお弁当も作ってもらっていました。母と継父が両方仕事に出ていくときも、「冷蔵庫に○○あるから」と準備していってくれました。

した記憶がある家事といえば洗濯物です。母が洗濯物を干すのを手伝った覚えがあります。たしか自主的にではなく、その都度母に手伝うよう言われていました。

もう一つは洗い物です。洗い物については母に「やってみれば？」だったか、「それくらいやりなさい」だったか、とにかくやるように言われたので素直にやるようにしていました。ただ台所が見える範囲に二人がいないときを狙って、こっそりやっていました。終わったらしれっとした顔をしておきます。もしどちらかに気づかれて「洗い物やってくれた？」と聞かれれば「あー、うん」とだけ答え、気づかれなければそのまま黙っていました。

きっと恥ずかしかったのだと思います。普段無口で「何も興味ありません」みたいな顔をしている自分が健気に家事をしているなんてかっこ悪い、という感覚です（※高校生です）。

ただ無関心を装いながら心のどこかで家の一員として貢献したい、もしくは、しなきゃいけないという気持ちがあったのでしょう。ひょっとしたらうまく話せないなりに、行動でコミュニケーションをとろうとしていたのかもしれません。

洗い物の記憶は割とはっきり覚えているので、おそらく当時の私にとっては重要なことだったのだと思います。もしかしたら「誰も来ませんように」とドキドキしていたので、はっきり覚えているだけかもしれませんが。

印象に残った食事

リビングが落ち着かない場所だったので、そこでの食事もそんなに楽しいものではありませんでした。小食でもあったので、おいしさを味わうよりも完食することに一生懸命でした。

食事自体が面倒くさいという気持ちもありました。コンビニ弁当は好きでしたが新しい家では食べる機会もありません。母に「食べたいものある?」と聞かれても「なんでもいい」としか答えられませんでした。

ただよく思い返すと思い出になっている食事もあります。

まずはステーキです。スーパーで買ってきたステーキ肉をフライパンで焼くというシンプルなもの。何の日に、というのはないのですが、まれに出てきました。おいしかった、というわけではなく、継父が焼き方にこだわっていたので印象に残っています。一番覚えているのは「火を通し過ぎるな」という言葉。そのころの私はお肉はよく焼く派だったので「大丈夫かなぁ」と頭の中で思いながら食べていました。

次は卵かけご飯。うちでは冷蔵庫のごはんを温めて食べることも多かったので、炊きたてごはんには価値が置かれていました。炊きたての日だけ継父が言うのです、「卵かけご飯にするか」。それまでも私は幾度となく卵かけご飯を食べてきましたが、ごはんが炊きたてか、そうじゃないかなんて気にしたことがありませんでした。しかし継父が提案するたびに少しずつ『卵かけご飯は炊きたてごはんでするもの』というのが刷り込まれていき、いまでは炊きたてでなければ卵かけご飯をしなくなりました。

今度はちょっと嫌な思い出です。私は生のトマトが嫌いなのですが母はよく朝食にプチトマトを出しました。トマト嫌いがもっとも拒絶反応を示すプチトマトをです（トマト関係者のみなさんごめんなさい）。母からすれば「食べて慣れろ」という善意なのでしょうが、私からすればただの嫌がらせでした。しかし家で無口で過ごしていた私は文句も言えず黙って食べていました……。自分で料理ができるようになってからはオリーブオイルとチーズをかけて焼いておいしくいただいています。ありがとうございます。

三人での食事と言われてぱっと思い浮かぶのは外食です。中でも覚えているのはハンバーグ屋さん。あるとき外食の流れになって「何食べたい？」と聞かれたので、私はいつものように「なんでもいい」と答えました。すると継父が「ハンバーグとかいいんじゃないか」と言い、ハンバーグ屋に連れていかれ、ではなく、連れていってもらいました。それだけのエピソードですがなんとなく印象に残っています。

食事については継父との思い出の方が多いようです。新鮮だったのでしょうか。距離感を抱きつつ、こうした小さなことも思い出になっていました。

母についてはプチトマトのように悪い思い出は増えましたが、いい思い出は増えませんでした。母は実はそんなに料理が得意ではないのかもと密かに思っています。

余談になりますが、学校ではよく友達と弁当のおかず交換をしていました。友達のお母さんの作る卵焼きがとてもおいしく、それが食べたくて交換してもらっていたのです。きっとその卵焼きがそれまで食べたことのない、〝ザ☆家庭料理〟な見た目と味だったのでハマってしまったのでしょう。もちろん友達のお母さんの料理が好きだなんて言ったら母がかわいそうなので、そんな話を家でしたことはありません。

母方祖父母と継父方祖父母

ここで祖父母の話も入れておこうと思います。

母方の祖父母とは小さいころから何度も会っていました。母と会うときに一緒に祖父母の家に行くという流れでした。二人とも優しく、一緒にでかけたり遊んだりもしていて、祖父母の家では楽しく過ごした覚えがあります。

私が母と継父と住むようになると少し状況が変わりました。まず母とうまく話せなくなったのと同じように祖父母とも前ほど話せなくなりました。話しかけられれば返事はしますが、それだけです。ただ祖父はもともと寡黙な人で、話せなくなっても気にならなかったので祖父のそばに座っていることが増えました。

さらに祖父母の家に行くとき、二回に一回くらいは継父も一緒に行くようになったのです。継父は祖父母の家に自然になじんでいました。二人に歓迎されていましたし、会話も弾んで冗談も言っていて気遣いも見せて……祖父母も継父にとられた気分でした。と言いつつ、学校のことなんかを祖母にとやかく聞かれるのが煩わしくなってきてもいたので、継父が祖母の注意を引きつけてくれてありがたい気持ちもありました。人間関係は複雑です。

次は継父方の祖父母についてです（継父方という言葉はないかもしれませんが）。こちらは場所が割と遠く、がんばってギリギリ日帰りできるぐらいの距離なのですが、「一度は会っとかないとね」ということで会いに行くことになりました。私も「継父にはお世話になってるし」と納得して行きました。

会ってみると祖母も祖父も優しい方でした。嫌な表情も見せず、「これからよろしくね」と言ってくれたので安心しました。その後もう会う機会はほぼありませんが、電話で話すことはあり、やさしい遠い親戚といった感覚です。

高校二年生

母との関係……☆☆☆☆
継父との関係……☆☆
父親との関係……★★★★★（以降変わらないので省略します）

母と継父と一緒に住むようになり、一年と半年くらい経ちました。家庭環境が変わったからとは言え、父親と暮らしていた間に溜まった不満、怒り、無力感はどこにも吐き出されることはありません。モヤモヤ状態の私。そしてそれまでよくも悪くも母のいいとこ取りをしてきた私に、母は急にしつけのようにとやかく言い始めます。母は私にとって完璧な存在ではなくなったので、マイナス1。

継父には苦手意識がありましたが、関わる時間は増えて、少しずつどんな人か分かってきたのでプラス1。私に深く干渉せず、清潔感があり、体型もがっしりしていて、父親とまるで正反対だったのもよかったのだと思います。

継父に怒鳴られたこと

こうして母や継父との交流は必要最低限にしつつ、暮らしの中に小さな楽しみを見つけながら生活していました。二人に迷惑はかけていたと思いますが、わざと困らせるようなことはしなかったので「叱られる」ということもありませんでした。

ただ一度だけ、怒鳴られたことがありました。


きっかけは私の帰りが遅かったことです。継父が「門限は○時」と決めていたのですが、部活終わりに友達とおしゃべりをしていつも門限ギリギリに帰っていました。ある日いつものようにおしゃべりをしていたら、いつのまにか門限を過ぎてかなり遅い時間になっていました。当時携帯は持っていましたが、「まぁしょうがないか」という気持ちで母に連絡もせず、連絡が来ているかを確認してもいませんでした。

家に帰って軽い気持ちで玄関のドアを開けると、驚いた様子の母と継父がいました。どうやら帰りが遅いことを相当心配していたようです。（これはやばい）と思ったのもつかの間、継父が矢継ぎ早に「帰りが遅い」「探しに行こうかと思った」とまくし立てます。驚いて黙っている私にさらにイライラしたのか、どんどんエスカレートしていき「そんなにこの家が嫌なら出ていけ！」と怒鳴って出て行ってしまいました（「あんたが出ていくんかい」と心の中でつっこみましたが、口には出せませんでした）。

母は焦っているような、怒っているような、落ち着かない様子で「あとで謝りなさいよ」「（継父も）心配していたのよ」と言っていました。大声にびっくりして思考が止まっていた私は何も言わず、自分の部屋に行きました。

少しずつ落ち着いてきて私がまず思ったことは「やっぱり」でした。「やっぱりこの家で私はよそ者で、やっぱり私は迷惑になるだけで、やっぱりこの家にいない方がいいんだ」と思いました。

それまで溜まっていたうまくいかなさが、実を結んだと言うと変ですが、ストンと腑に落ちた感覚でした。この生活はどうあがいてもうまくいくものではないんだと思い至ったのです。考えはまとまっても感情は怒りや悔しさや寂しさなんかでぐちゃぐちゃでしたが。「でも今はどうしようもないから、高校卒業までは我慢しよう」と自分に言い聞かせました。

さらにもう一つ思ったことは「母は私よりも継父の味方なんだ。全然私の話を聞こうとしてくれない」でした。それまであまり考えないようにしていたことでしたが、とうとう母が私より継父を優先するところを目の当たりにしてしまったのです。

冷静に考えれば「今度から気をつけます」というだけの話です。しかしこのときはそんな余裕はありませんでした。今後も絶対に継父とは仲良くなれないだろうと思いましたし、母にも腹が立ちました。その後も母にも継父にも謝りませんでした。もともとあまり話はしなかったのですが、これがきっかけでさらに会話は減りました。

勉強に打ち込んでシャットアウト

家での生活のストレスがなくなることはありませんでしたが、勉強に打ち込んでいる間は嫌なことを忘れることができました。大学受験を意識し始める時期でもあり、周りの友達との話題も勉強のことが増えました。そうして家のことを考える時間はどんどん減りました。もしかしたら家のことを考えないように心の中でフタをしていたのかもしれません。

母も継父も受験については気をつかってくれていました。母は部屋に飲み物を持ってきてくれたり、甘いものを買ってきてくれたり（自分が食べたかったから、という理由もあるでしょうが）。継父は……特に何をしてくれたということはありませんが、勉強について何も言わないでいてくれた、それだけで十分でした。

母には「たまには息抜きすれば？」と心配されるほどでしたが、私にとって勉強はストレス解消にも近いものでした。自分で計画を立てて取り組めることでしたし、「勉強している」と部屋にこもれば何も口出しされない、という部分も大きかったです。

ここでもう一度考えてみると、本当にいろんなことが重なって母や継父との会話を避けていたのだと思います。

家で黙っていることに慣れてしまっていたこと、急に住まわせてもらうことになった罪悪感、人見知りからくる恥ずかしさ、思春期の影響もあったでしょう。また、母は私よりも継父の味方なんだという考え、継父にとって迷惑な存在なのだから楽しんではいけない、しおらくしていないといけないという不安……この辺りはいま思うと極端な考え方ですが、私はそう感じていました。

ただ、当時はこのように客観的に考えることはできませんでしたし、家の中の状況を変えられるとは到底思えませんでした。それに「なんとしてもどこかの大学に受かってこの家を出たい」と強く願っていました。ですから私は母や継父との関係よりも勉強を優先し、できるだけ二人との関わりを避けて、気持ちを乱されまいとしていました。

ただどうしても落ち着かない、しんどいときは自分を傷つけていました。新しい生活が始まってからしばらくはしていませんでしたが、体の記憶はなかなか消えないものでした。

居場所である学校

母や継父と暮らし始めてからも転校はしなかったので学校への影響はあまりありませんでした。ただ高校二年生の途中くらいで母から、手続きがすんで親権が母になったこと、法的に継父が父親になったこと、私の名字も変わったことを告げられました。私は「ということは学校でも名字が変わるんだ。仕方ないけどなんか嫌だな」と少し心配していました。

その後母から「担任の先生と相談して、高校卒業まではこれまでの名字のままでいくことにしたよ」と言われました。ホッとしました。

高校ではたまに母のことは話しますが、継父のことは口に出さないようにしていました。しかし仲のいい友達には継父のことまで話を聞いてもらっていましたし、事情を知っている先生方も温かく見守ってくれて（いるような気がして）いました。ただ高校は保健室の利用ルールが厳しく、中学のときのように居座ることができなくなり、養護の先生に話を聞いてもらう機会はなくなりました。スクールカウンセラーもいましたが中学での経験から相談には行きませんでした。

高校でも続けていた部活はきっといい気分転換になっていたと思います。引退した後も放課後は学校の図書室で過ごしたり、休日も学校で勉強したり。学校はあまり家にいたくない私にとって、お金もかからない、ありがたい居場所になっていました。

大学受験は母と

家でのうまくいかなさには目をつむり、勉強に打ち込んで過ごし、大学受験の二次試験の日が近づいてきました。違う地方の大学に申し込んでいたので前日は大学の近くのホテルに泊まることになりました。

母が付き添いでついてきてくれたことはありがたかったです。一人で慣れない土地に行くのにはやはり不安がありました。

前日のホテルでも私はいつもどおりあまり話はしませんでしたが、母は楽しそうにしゃべっていた記憶があります。私をリラックスさせようとしてくれていたのかもしれません。母と長い時間二人きりで過ごすのが、とても久しぶりに思えました。ホテルの部屋には継父の気配みたいなものはまったくないので余計にそう感じたのでしょう。

次の日受験を終えてから母と合流し、駅へ向かいました。肩の荷が下りて少し浮かれた気持ちで電車を待っていると、急に母が「話があるんだけど」と深刻そうに話しだしました。「実は癌が見つかって、あさってから入院するから」。まさに寝耳に水でした。

「……そう」といつもどおり素っ気なく返事をした私でしたが、頭の中は大パニックでした。「そんな大変なときになんでついてきたの」とか、「入院したら家は私と継父と二人きりじゃん！」とか、「もしものことがあったら……」とか。

さっきまでふわふわしていた気持ちがどんどん沈んでいき、その後はほとんど会話をしませんでした。後から考えると母は私を動揺させないよう、言うタイミングや入院時期に気をつかってくれたのだろうと思います。おそらくそういう気遣いが他にもたくさんあったのでしょう。

合格発表は継父と

言っていたとおり母は入院しました。家には継父と二人きりになりましたが、想像と違い、特に困ることはありませんでした。

生活から母がいなくなっただけで継父と関わる時間が増えたわけではなかったので、それまでどおり過ごしていました。母の治療が問題なく進んでいたので、そこまで不安にならずにすみました。

そうこうしているうちに合格発表の日を迎えました。私は家で結果を待っていたのですが、たまたま継父も家にいました。「話しかけたくはないけど、さすがに結果は言わないといけないかな……」と少し気にかかりました。

発表の時間になり自分の部屋で合格を確認しました。ほっと一安心し、それから心を決めてリビングにいる継父のところへ行きました。合格発表があることは継父も知っていたので「受かったよ」と一言だけ言いました。継父は驚いたようでしたが、「よかったな」と言いました。

私は少し変な気分でした。「なぜこの大事な報告を一番にするのがこの人なんだろう……」と。母でもなければ、学校でお世話になった先生でもなく、仲のいい友達でもない。一緒に住んでいる、というだけで一番の報告相手が継父になったことがなんだか不思議な感覚でした。

その後母にも連絡し、学校にも報告に行きました。ただ、報告した後の反応が一番印象に残っているのも継父でした。

「よかったな」の後に継父はこう言いました。「正直受かるとは思ってなかったよ。そんなに勉強してないみたいだったし」。「……はぁ？」と言うのをなんとか堪えました。

自分としてはストレス回避・解消のため、そして何がなんでも受かって家を出るため、勉強は割とやっていたつもりでした。しかしその努力はまったく継父には伝わっていなかったのです。

言われてみれば確かに私が自分の部屋や学校でどう過ごしているかはまったくわからなかったでしょう。私も話しませんでした。「それなら勉強してないように見えるのも無理ないな」と納得すると同時に、「そんなに伝わらないものなのか」とびっくりしてしまいました。

一人暮らしの準備

合格発表からしばらくして母が無事に退院しました。「ああ、日常が戻ってきた」と、二年ほど前まで想像すらしていなかった「日常」を日常として受け入れている自分がいました。

一人暮らしの準備の買い物には母と継父と三人で行きました。家具や家電も準備しなければならなかったのでだいぶお金がかかったと思うのですが、継父が「好きなものを買ったらいい」と言うので気に入ったものを選びました。いつもは遠慮してあまりお金を使わないようにしていたので久しぶりに楽しい買い物でした。

いよいよ家を出る日になりました。母と祖母が駅のホームで見送ってくれました。このときの私はとても開放的な気持ちでした。母も継父も嫌いではなかったですが、家にいると面倒をかけて申し訳ないような気持ちになったり、自分が嫌な気持ちになったりすることもあります。もともと一人で過ごすのは好きでしたし、あの気まずいリビングにも行かなくてすむと思うと晴れ晴れとした気持ちでした。

母と暮らす時間をもう少し楽しみたかった気持ちもありました。しかしうまく話せないのは相変わらずだったので、まぁいいやと諦め、母との別れについてはあまり考えないようにしました。

高校卒業

母との関係………☆☆☆
継父との関係……☆

それぞれマイナス1です。やはり一番大きいのは「出ていけ」事件です。たぶん継父への印象は一瞬★★★くらいには悪くなっていますが、総合的に見て☆です。この言葉に乗って本当に出ていってももう行くところもありませんでしたし、いさせてくれるだけで御の字でした。

継父との溝を感じたのはもちろん、このとき継父の肩を持った母にも溝を感じました。あんなに好きだったのに一緒に住み始めてから母との関係は悪くなる一方でした。不思議です。ただ一緒に住み始めてから私の全体的な幸福度は間違いなく上がったので、感謝はしています。「子どもに親は選べない」と言いますが、私は幸い同居親を選ぶことができたのでありがたい限りです。

第三章　一人暮らしが始まってから

『一緒に住む』という形でのステップファミリー生活は、私が家を出たのでいったん終わりを迎えました。しかし継父が母の再婚相手であることは変わらず、帰省をすればまた必然的に会うことになります。

自分からはあまり話さない、というのはいまもあまり変わりません。ただ物理的な距離が遠くなったことで心の距離は少し変化したように感じます。距離が近づいたとは言いづらいのですが、私と母・継父の関係性が、ギクシャクしたものからふんわりと緩んだものになったようでした。ここからはその変化につながったエピソードを綴っていこうと思います。

学生相談での発見

知り合いもいない土地で一人暮らしが始まりました。新しい土地に慣れ、新しい友達を作り、新しい大学での生活をこなしていかなければなりません。地元までは飛行機や電車で五時間以上。そう簡単には帰れませんし、前からの友達には会えません。新生活は楽しくもあったのですが同時にストレスも溜まっていたのでしょう。数カ月すると実父が出てくる悪夢を見るようになりました。その結果、寝て起きてもぐったり疲れているという日が続きました。

これはまずいと思い、私は大学の学生相談に行きました。大学の中にある、学生のいろいろな悩みを聞いてくれる窓口です。私は中学のときにスクールカウンセラーと話したこともあったので、相談に行くことにはあまり抵抗はありませんでした。ちゃんと話を聞いてくれるかは不安がありましたが。

きっかけが実父の悪夢だったので話す内容も家族のことが中心になりました。しかし実父のことは現実にいま何か起こっているわけではなかったので、過去のことをひととおり話した後はそんなに話すこともありません。相談に通っているうちに少しずつ母や継父の話もするようになりました。

私はそのころ継父に対して申し訳ないだの気まずいだの思うのと同時に、怒っていました。一番は「出ていけ」と言われたことに対して。言われた直後のぐちゃぐちゃした気持ちは落ち着いたものの、「なんでそんなひどいことを言ったのか」といまだに怒っていたのです。

そのことをカウンセラーにも話し、継父を責めるようなことも言いました。私は共感してほしかったのですが、カウンセラーは「まぁ向こうもどうしていいかわからなかっただろうしね」とさらっと言ったのです。

目から鱗が落ちたようでした。驚いた気持ちが顔にも出ていたと思います。カウンセラーも「だってその人にとっても初めてのことだっただろうし」と付け加えました。

私はそこで初めて継父の難しい立場に気づきました。「いきなり思春期まっさかりの女の子が生活の中に入ってきたら戸惑うだろうな」とか、「しかも何もしてないのにそっけない態度とられたら困るよな」とか。「それで帰りが遅かったらそれはイライラするよな」とも思いました。おそらく第三者から見れば当たり前のようなことに、私はようやく気がつきました。

一緒に住んでいるときは継父との関係はどうにもできないと思っていました。しかし家を出て少し客観的に考えられたからなのか、カウンセラーがはっきり言ってくれたからなのか、継父との間に作ってきた壁が少し崩れた感覚になりました。そして「どうしていいのかわからないのは私も継父も同じだったんだ」と勝手に共感までしてしまいました。

その後も半年ほど学生相談には通いました。自分の体験をじっくり人に聴いてもらうだけでも気持ちがすっきりしましたし、気づきを得ることもできました。悪夢の内容も少しずつマシな方向に変化してきました。しかし悪夢がなくなることはなかったので、大学の保健センター（保健室の豪華版です）に相談に行って寝つきやすくなる薬をもらい、しばらく飲んでいました。

帰省したときのエピソード

継父の難しい立場に私が気づいたとしても、関係性が急激に変わるわけではありません。帰省したときは静かにおとなしく過ごしていました。あまり家にいなくていいようにできるだけ友達と会う約束を入れるようにもしていました。しかし母や母方の祖母が「一日ぐらいは一緒に過ごすでしょ？」という圧をかけてくるので一日は空けておき、先祖の墓参りや買い物をして過ごしました。

あるときから実家のメンバーに犬が加わりました。こげ茶色の子犬です。一緒に住んでいたころから、ちょくちょく母が「犬を飼いたい」と言っていたので心の準備はできていました。

私は犬に全然興味がない、というよりむしろ苦手でした。小さいころに近所の犬に噛まれたからです。正直犬よりは猫にしてほしかったのですが、母と継父で「やっぱり飼うなら犬だよな」と話していたので黙っていました。「どう思う？」と聞かれたときも「飼いたいなら飼えば」とスンとしていました。どうせ私は家を出ているし、二人の好きにするのが一番だと思ったのです。

　そんなこんなでいま実家には犬がいます。二人は楽しそうにかわいがっていますが、ますます家に帰りづらくなりました。これからも帰省を続けていればいつか私も犬に慣れるでしょうか。


　もうひとつ、帰省のたびに継父は「お金の心配はしなくていい」と言いました。一人暮らし初心者のころはこの言葉をかるーく受け取っていました。「どうも」くらいでした。しかし一人暮らしに慣れてきて、ひと月にかかるお金の全体像が見えてくると継父の言葉が身に沁みます。お金ってどんどん手元から離れていくんです。タダでお金をくれるのは母と継父くらいです。

　もちろん私は「とてもありがたい」と思うようになりました。しかしこうも思っていました。「まぁこの人たちは私が高校生になるまで私にお金を使っていないわけだから、もらえるだけもらっとこう」と。いやぁ、悪いやつです。

　言っておきますが、別にこっちからお金をせびるようなことはしていないですからね。母や継父が「払うよ」と言ってくれた分を断らずに、ありがたく受け取っていたっていうだけです。ちゃんと自分でバイトもしていましたし、勘違いしないでくださいね。

ちゃんと一番の気持ちは「ありがたい」です。それは自分で働きだしてお金をもらわなくなったいまでもそう思っています。

祖母の衝撃発言

これも帰省したときのことですが、母方の祖母との話です。

小さいころは会えるのが楽しみだった祖母ですが、私が母と継父と住み始めてから（私が無口になってから）ちょっと、いやだいぶ、苦手になっていました。母以上に「もっと笑顔で」「しゃべりなさい」「なんでいつもそんな態度なの」と、嫌なことばかり言うようになったからです。祖母も私の態度が変わって嫌だったのでしょうけど。

あるときそんな祖母と車に二人きりになってしまいました。いつもは母が駅まで送ってくれるのですが、仕事の都合で祖母が代わりに送ることになったのです。

駅に着いたのでさっさと車を降りようとすると、祖母が言いました。「ちょっと話がしたいんだけど、聞いてくれる？」とっても嫌な予感がしましたが、老い先長くはないであろう人のこんな発言を無碍にはできず、「いいよ」と答えました。

どうせまた怒られるんだろうと身構えていたら、全然違いました。私の父親と母がなぜ結婚したのかを話し始めたのです。びっくりしました。そしていろいろな経緯が話され、こう言われました。

「あなたのお母さんは、あの人との結婚をしぶしぶ受け入れたのよ」「だからお母さんはお母さんなりに頑張ってるのをわかってあげて」祖母はそう締めくくりましたが、それよりも頭がぐちゃぐちゃで私は逃げるように車を降りました。


それからなんとか電車に乗りましたが頭の中を考えがぐるぐる回っていました。母が父親との結婚を望んでいなかったということは、最初から私は母に望まれていなかったということだ。しぶしぶ結婚するような相手との子どもなんて気持ち悪いだけに決まっている。離婚はきっと母にとっていい選択で、私の顔を見ないでよくなるし、現に再婚した母は幸せそうで……私のことはお荷物だったんだ、そもそも結婚が嫌だったんだから。祖母も私のことが好きじゃないんだ、母の嫌な過去の象徴みたいな存在だから。

ひとりで考えていると泣きそうになりましたが、電車なのでぐっと堪えました。泣く代わりに大学の友達に連絡をとり「それはつらい」みたいな返事をもらってちょっとほっとしました。

祖母はきっと母のために、母の苦労を私に知ってもらうために話したのでしょう。でもそれが私にどう受け取られるかまでは考えていなかったのだと思います。私は私なりに母との関係を改善しようとしているつもりでしたが、思わぬところからとんでもないダメージを負わされてしまいました。

ひとまず落ち着こうと過去をゆっくり思い出してみました。母が私のことを大事にしてくれているのは間違いないと思います。それでも私が望まれていなかったなら、やっぱり生まれない方がよかったんじゃないか、愛されてはいないんじゃないか……そう怖くなりました。

そこで今度は母以外との楽しかった思い出を思い出してみました。友達とのあんなこととこんなこと。いろいろ楽しいことを経験できて、私は生まれてきてよかった。

もし、そんなことは言われないとは思いますが、万が一、母に「生まなきゃよかった」と言われても「私は生まれてよかった」と言えるように。私は必死に今までの楽しかったことを思い出そうとしました。

そのまま一人暮らしの家に帰ったので、しばらく母にも祖母にも会わずにすんで幸いでした。ただ祖母のことはもっと苦手になりましたし、母にどう思われているのかが怖くなってしまいました。

いろいろな人たちとの出会い

母にどう思われているのかが、喉に刺さった小骨のように気になりつつ、大学生活はそれまでどおりに過ごしていました。

大学生になると自分だけでなく、他の人にもいろいろな家庭事情があることもわかるようになりました。大学生になって出会いの幅が広くなったからか、あるいは周りにオープンな人たちが多かったのかもしれません。家庭事情だけでなく、それぞれの人にそれぞれの事情があります。先ほど出てきた大学の友達というのも、「あの人ならわかってくれそう」と思ったので連絡することができました。

小さいころは自分の家庭事情を当たり前のことと思いつつ、「他の家庭はまったく別物」と、自分だけが変わっているように感じていました。しかし自然と「ここは違うけど、この辺は似てるな」と柔軟に考えられるようになりました。


継父の立場や気持ちに気づき、祖母からショッキングな発言も受け、私はもう一度自分の家庭事情を見直したくなってきました。そして親の離婚・再婚を経験した人たちについて調べ始め、ようやく『ステップファミリー』という言葉に出会いました。この単語も使ってネットや本で情報を探すようになりました。

実際に親の再婚を経験した方々と連絡を取り、話を聞くこともできました。ここでも「ここは違うけど、この辺は似てるな」という柔軟さは重要でした。なにしろステップファミリーは多様なのです。例えば実親とは離別なのか死別なのか、別れた親と交流は続いているのか、自分が何歳のときに継親と暮らすようになったのか、など多くの点でバラバラです。

しかし共通する部分も少し見えました。それは「ステップファミリーになってから、どんな時間を過ごすかの影響が大きい」ということです。当たり前のことのようですが、やはりスタート地点よりもどう進んでいくかが大切なのだと感じました。

大学での経験を通して家族についての私の知識は広がっていきました。自分の家族の知識だけだったところから、周りの人へ、そして普通に過ごしていたら出会わないもっと幅広い人たちへ。そうしてまた自分の家族を見つめ直したとき、母にどう思われているか知るのが怖い、と同時に、祖母から聞かされるだけではなくてちゃんと本人に聞きたい、という気持ちが出てきました。

手紙でのやりとり

さまざまな家族の事情を知るうちに、私が母と継父のことをあまり知らないことにも気がつきました。二人の出会いから継父の年齢までほとんど何も知らず、知ろうともしてこなかったのです。

しかしご存じのとおり私は家ではあまりしゃべりませんでした（もうそういうキャラに落ち着いてしまいました）。母の恋愛事情を聞くのもなんだか気恥ずかしさがあります。自分の恋バナですら母とはしたことがありません。

そこで私は実家から離れていることを利用して、母に手紙を書いて聞いてみることにしました。一緒に住んでいれば「なんでわざわざ手紙で……」となるところを「離れて住んでいるんだから、手紙くらい出すでしょ」ということにしたのです。ただし父親とのことはまだ確認する気にはなれませんでした。

出した直後は少し緊張していましたが、しばらく時間が空き、忘れかけていたころに母からの手紙が届きました。予想していたよりも丁寧に返事を書いてくれていました。

返事には父親との離婚から継父との出会いまで書かれていて、母の人生の一部を読んでいるような感覚でした。その後継父と結婚して、母と継父と私との三人暮らしが始まって、今の母と継父の生活があることがつながっていきました。母の人生という一本の川が途切れることなく流れる風景、その中では私は、その川にくっついたり、また枝分かれしたりして、蛇行している支流なのでしょう。母の人生に私の人生は思っていたより影響していなくて、私の人生もきっと母に影響されなくなっていくような気がしました。

手紙には「あなたを手放すことになったときは本当につらかった」とも書かれていま

した。これで少し「母に望まれていなかったのではないか不安」は減りました。「生まれたときにはどうだったのか」はまだ不安ですが、とりあえず離婚時以降は望まれていたと自信が持てました。

手紙だからこそ聞けることがある、ということがわかったので、逆に手紙でなら伝えられることもあるのではないかと考えました。そこで私は今までうやむやにしていた「継父をお父さんと呼ばない理由」を二度目の手紙で母に伝えることにしました。前に書いたような「実父は私にとって嫌いで苦手な存在なので、わざわざ継父をお父さんと呼んで、嫌いな存在と重ね合わせる必要はない」といった内容です。私からすると継父をお父さんと呼んで楽しいことは何もないのです。

母からの返事には「(継父も) 父親に、父親らしくなりたい気持ちでいっぱいなのもわかってください」と書かれていました。そういうことじゃない、そういうことじゃないんだよ。私は返事に対してつっこみました。

さらにその後帰省したときに、再び母からの「お父さんって呼んだら攻撃」があったので、手紙で書いた気持ちはまったく伝わらなかったんだなとがっかりしました。しかし私の意見はもう言い終わってしまったので、理解されなくても諦めることにしました（ここ何年かは言われなくなったので、母も諦めたのかもしれません）。

『ふんわり家族』という感覚

継父のことを父親だとは思えません。私にメリットがありません。

しかし大学生になりいろいろな人の話を聞き、自分の母からも話を聞くことができました。あとは時間の経過も影響したと思います。そうして少しずつ考え方が変わっていき、「書類上の父親であり、形としては家族」と捉えていた継父を、「母のパートナーであり、自分の気持ちとしても家族」と考えるようになりました。

この変化のタイミングをはっきり何月何日と言うことはできません。気づいたらそう考えるようになっていた、という感覚です。

もう少し説明してみたいと思います。最初は継父とのつながりはあくまで形式的で、母を間にはさんだ間接的なもののようでした。どうしようもなくなれば、母を壁にして関係を断ち切ることもできなくはないでしょうし、継父も私がいなくなったらいなくなったで別に困ることもなく、むしろ清々するかもしれないと思っていました。さらに母との関係も悪化していた私にとって、家族は『ギクシャク』しているものでした。

しかしだんだんと継父とのつながりを断つことは想像できなくなりましたし、母を支え続けてくれてありがたいと感じるようになりました。母との会話も少しずつスムーズになってきました。いまだに継父と直接連絡を取ることはありませんが、母を中心とした家族という同じグループに所属している感覚です。何かあったら助けてくれそうな雰囲気のあるメンバー。家族、と言い切ってしまうのはまだ居心地が悪い感じがあるのですが、母も含めて『ふんわり家族』といったところです。

父の日には何もしないけれど、誕生日にはプレゼントを贈る。母から「ありがとうって言ってたよ」と連絡がある。帰省をしたらちょっと話す。ここ数年はそんな距離感が続いています。

結婚式での継父の挨拶

自分の経験もあってか、私は自分が結婚するとは思っていませんでした。そもそも人と長い時間一緒にいることが苦痛でしたし、「もし結婚してもすぐ離婚しそう」と思っていました。なんなら四十歳くらいにはぽっくり死にたいとも考えていました。

そんな私も結婚することになりました。人生何が起こるかわかりません。この人となら百歳くらいまで生きてみたいと思えるようになりました。

結婚式では私か相手の親の誰かが挨拶をすることになるのですが、私の中では継父に頼もうと考えていました。積極的に継父に頼みたかったというよりは、消去法でもあったのですが。相手も「いいよ」と言ってくれました。実際に継父にお願いしてみると一瞬驚いたようでしたが、「わかった」と返事をくれました。

私としては安心半分、不安半分でした。継父は人当たりがよく、責任感やユーモアもある方なので、きちんとスピーチをしてくれるだろうと思う一方、「どんな話をするのか、私のことで話すことなんてあるのか」という部分は心配でした。

ちなみに結婚式定番の花嫁から両親へのお手紙というものは、やらないことにしていました。他の人の結婚式でも見ていてちょっと退屈でしたし（失礼）、たくさんの人の前で読み上げるなんて内容に困るうえに必要性を感じません。個別に手紙を渡せば十分だと考えていました。

ですから継父のスピーチもさらっと終わることを期待していました。あまり家庭事情に深入りしない、自分が血の繋がりがないことも伏せたままの、形式的なものになるだろうと勝手に思っていました。

しかし結婚式の日、継父は大きく予想を裏切ってきました。何から何まで包み隠さず話したのです。

「一緒に住み始めたころは、まったく話をしないので大丈夫か？　と思っていた」というところから話が始まりました。もうその表現で「生まれたときから一緒なわけではない」ことが伝わりますし、もちろん新郎の親族も聞いていたので、私は（ひー、恥ずかしいー！）と苦笑いをこぼしていました。

その後も私のそっけない様子や継父の苦労話が続きます。だんだんと「（新郎と）一緒に過ごすようになって、表情が柔らかくなった。安心した」という内容になっていき、私もほっとしました。また、継父からそんな風に見えていたんだと気づかされました。同時に会場全体もなんとなくいい雰囲気に包まれていきます。最後は丁寧な挨拶で締められ、大きな拍手で終わりました。

私は途中から、泣いている参列者の方に気を取られて挨拶の内容に集中できないでいました。自分のことをありのままに話される恥ずかしさもあり、無意識に聞かないようにもしていたかもしれません。

しかし継父が私のことをどう思っていたかを初めて聞くことができ、ちょっとすっきりするような感じもありました。おそらく継父も普段は言えないことを、こういう特別な機会に言ってしまいたかったのでしょう。まだ言い足りないこともあるかもしれませんが。

新郎の親族にどう受け取られたかは少し心配ではあるのですが（私への印象が悪くなっていないかという点で）、結果的に挨拶を継父に頼んでよかったと思っています。結婚式という、育ってきた家族から離れて新しい家族を始めるための式ではあったのですが、私にとってはその両方とのつながりを感じる日になりました。

振り返って、これから

　ひととおりこれまでの出来事を振り返ってきました。そうすると、またひとつ思い出が浮かび上がってきました。イチゴ入りミルク寒天です。

　まだ母と一緒に住んでいなかったころ、母の家に行くとイチゴ入りのミルク寒天を出してくれたことがありました。半分に切られたイチゴの入ったミルク寒天が、使い捨ての小さめのプラスチックコップに作ってあったのです。シンプルな割にとてもおいしくて気に入ってしまい、私は「また作って」とお願いしました。母はイチゴが旬の時期には何度も用意してくれました。

　しかし一緒に住み始めるとイチゴ入りミルク寒天は出てこなくなりました。『久しぶりに会うから、好きなものを作っておいてあげよう』という発想が母からなくなったのかもしれません。その後私が「食べたい」と言ったので一度だけ作ってくれましたが、昔ほどはおいしくはありませんでした。

　私の味覚が変わったのか、分量が違っていたのか、昔は母に会えた嬉しさが上乗せされていただけなのか……理由はわかりません。しかしおいしくなくなったことさえも懐かしいと感じます。いまならどんな味がするのか、ちょっと食べてみたいと思います。

「母に望まれていなかったのではないか不安」なんてものもありましたが、もう最近は感じなくなりました。いろいろ振り返ってみると「嫌いならこんなことしないよな」と思えるからです。しぶしぶ結婚して子どもができたならかわいそうな気もしますが、母から直接聞いたわけではないので、「まぁもういいか」と思います。

イチゴ入りミルク寒天は母とのエピソードでしたが、ここまでに書いたように継父とのエピソードもたくさんありました。今の私からすれば、ざっくり言ってどれも家族っぽいエピソードです。母や継父からすればもっと家族らしいことがしたかったかもしれません。しかしこれだけ影響を受け、懐かしむことができればもういいんじゃないでしょうか。あたたかい思い出が多かろうと、さみしい思い出が多かろうと、きっと私はそう思った気がします。

そしてもうひとつ気づいたのは、昔の私にとっての当たり前は、いまの私にとっての当たり前ではないということ。昔の私にとっては母はたまにしか会わない人でしたし、ずっと実父と暮らさないといけないと思っていましたし、困っていることを母に話すなんて思いつきもしませんでした。まして継父と法律上の家族になるなんて思ってもみませんでした。

しかし実際は高校時代に母と継父と暮らし、いまはごくたまに母に相談することもあり、継父をふんわりでも家族と思っています。いまの私にとってそれは当たり前のようなことです。当たり前は変わります。そのことにもっと早く気づいて、嫌なことを嫌と言えていれば、いろんな人に話していれば、もっと早く当たり前は変わったかもしれません。これは後悔というより反省です。大人になったいまでも当たり前が変わっていくのを感じます。

ですから数十年後、いまの私が当たり前に思っていることも当たり前じゃなくなっているでしょう。もしかしたら継父をお父さんと呼んでいるかも……いや、やっぱりそれはありえないですが。

いまは一緒に住んでいないので、母や継父との関係に大きな変化はもう起こらないと思います。それでもそれぞれの家族がゆっくり変化していくように、私と母と継父の関係もまたゆっくり変化していくのでしょう。しかしその変化も楽しめそうだと思っている私がいるので、きっともう大丈夫なのです。

現在

母との関係………☆☆☆☆
継父との関係……☆☆

家を出てから数年経ち、それぞれプラス1です。会うのは年一回くらいに減りましたが、母とはたまに二人で旅行するようにもなりました。継父とは直接的な関わりは一緒に住んでいたときよりは減っているのですが、感謝と、母を支えてくれている分でプラス1です。

継父についてはうまく言えないのですが「妥当だな」という感じです。今更これ以上よくなるイメージも湧きませんし、むしろ「大嫌い」とかにならなくてほっとしています。

母についてはもうちょっといい関係になっていく可能性も感じています。☆☆☆☆だった過去の感覚があるからでしょうか。小さいころに頻繁に会っていてよかったです。

Ⅱ

知っておいてほしいこと

離婚や再婚の場面ではいろいろな用語や法律などの知識が必要なことが多いです。ただ、それは大人にとっての話であり、子どもには知らされないままになってしまうこともたくさんあります。自分の経験を振り返ってみると「子どもの自分にもちゃんと教えてほしかったな」ということがたくさん出てきました。「ただ知識が欲しかった」というよりは「教えてもらって自分に関係することを決める話し合いに参加したかった」という気持ちが大きいです。

全部が全部、子どもに話すのがいいことだとは思いません。子どもの年齢や発達にもよりますし、大人と子どもで線引きをすることは子どもを守ることにもつながります。一方で大人側も知らないでいることが多いのではないかと疑っています。「なんとなく周りはこうしているから同じようにしよう」ですませてしまったこともあるのではないでしょうか。

ここからは子どもにとってはあまりなじみのない言葉、大人にとってはあいまいに理解していそうな言葉、けれどどちらにもきちんと知っておいてほしい言葉をひとつひとつ掘り下げていきます。そうすることで自分たちの状況を客観的に見ることができ、これからどうしていくかを考えるときにも役立つと思います。

難しそうだと感じたら読み飛ばしても構いません。いつか読みたいと思ったときに読んでください。余裕のある方は読んだ後に元のデータや資料を確認することをおすすめします。伝わりやすいように表現を変えているところもありますし、最新のデータも出ているかもしれません。

第四章　ステップファミリーに関係するあれこれ

「親権」のはなし

まずは親と子どもの関係を「親権」という言葉から考えていきます。「親権」という言葉にみなさんはどんなイメージを持っているでしょうか。普段はなかなか使わない言葉なので、「なんとなく聞いたことはあるけれどあまりよく知らない」という方もいると思います。

親権は「子どもの利益のために、監護・教育を行ったり、子の財産を管理したりする権限であり義務」です。(注)「監護」はざっくり言うと「世話をする」という意味です。そ

注　法務省のウェブサイトより〔https://www.moj.go.jp/MINJI/minji07_00015.html〕

のほかに「子どもの利益のためのもの」であり、「義務」であることも書いてありますね。両親が結婚していれば二人とも親権がある人、親権者になります。二人で協力して子どもの世話をするという義務があるということです。しかし離婚となると日本の法律では二人で親権をもつことができなくなるので、どちらか一方を親権者に決めなければなりません。二人で担っていた義務を一人で担うことになります。この状態は一般的に単独親権と呼ばれます（細かい話をすると、事情によっては親権の中から監護権を抜き出して一方の親を親権者、もう一方を監護権者にすることもできます。詳しくは調べてみてください）。

私の話で考えると、両親が離婚したときに父親が親権者に決まりました。その後、私が母と一緒に住むようになり、母は家庭裁判所に親権者を変えたいと申し出て、それが認められて親権者が母に変わった、ということになります。離婚後に親権者を変えることはできますが親権者になれるのはどちらかだけです。

私は親権という言葉にあまりいいイメージがありません。どうしても字面から「親の権利」のニュアンスを強く感じてしまいます。「親権があるから父親から逃れられない」

「親権がないから母にはどうしようもできない」「子どもを苦しめていても許されてしまうなんて、親の権利は卑怯だ」そんな風に考えていました。

「親権なんてなくなればいい」ということではないです。「『親権』の字面と単独親権はもうちょっとなんとかならないか」ということです。

字面に対する問題意識は他の国にもあるようです。例えばイギリスでは親権という言葉の使用をやめて、parental responsibility 親の責務という言葉に変えています。

もしイギリスのように「親権」の言葉が変えられるとしたら、みなさんはどんな言葉がいいですか？「親の責務」もいいですが……私は「子守務」とか、かわいいと思います。こしゅむ。子どもを守る義務です。これだと親だけではなくて、すべての大人に当てはまる義務になってしまいますが。親権の新しい表現募集企画なんてものがあれば面白そうだなと思います。

●親権……子どものことを考えて子どもの世話をする権利であり、義務

「単独親権」のはなし

さきほど出てきた「単独親権」についてもう少し考えてみましょう。離婚をするとき、親権者はどうやって決まるのでしょうか。単独親権の状態になるとどういうことが起こるのでしょうか。

まずは親権者の決め方です。親同士の話し合いがまとまれば、もうそれで決まってしまいです。もし決まらなければ第三者である家庭裁判所に協力してもらいます。これまでの養育状況（両親がどうやって育ててきたか）、離婚後の環境、子どもの意向や年齢など、さまざまなポイントを踏まえてどちらが親権者になるかが決定されます。

私の場合、どちらが私の親権者になるか（どちらが私を育てるか）は結構もめたらしいです。記憶にはないのですが母に手紙で聞いた話です。「離婚したい」と思った母が私を連れて自分の実家に戻り、そこに父親が怒鳴り込んできて、てんやわんやしたそうです。最終的にはなんと私が「（もともと住んでいた父親の実家に）かえりたい」と言ったらしいです。え、私のせい……？

この話を聞いたときは「こんな大事な場面で幼児の判断力なんかに任せるな」と、とても腹が立ちました、が、当時は私の発言に誰も何も言えなくなってしまったのでしょう。私は父親と住んでいた家に帰り、親権者も父親に決まってしまいました。絶対にマネしないでください。

さて、親権者が決まるともう一人の親は親権がなくなり、子どもの世話をする義務も権利もなくなります。親権者がお金に困っていてももう一人の親に助ける義務はなく、反対にもう一人の親が子どもの成長をサポートしたいと願っても親権者が協力しなければ子どもに会うこともままなりません。子どもを育てるマンパワーはそれまでの半分になってしまいます。

「いやいやそれはさすがにどうなんだ」ということで出てくるのが、養育費と面会交流という言葉です。親権がなくても子どものために必要なお金は負担する（養育費）、子どもと会って成長を支える（面会交流）、そういう仕組みがあります。「養育費は月にこれくらいですかね、面会交流は月に何回ですかね」と離婚のときに決めておくのです。

子どもと一緒に住んでいる親が一人だから「ひとり親家庭」、それでも親ひとりではありません。同居の親が一人になっても子どもの不利益にならないようにする。至極当然の流れですよね。

私の場合は親権は父親にありましたが、母との面会交流はありました。どこまで決めていたのかは知りませんが頻繁に会っていた印象がありますし、会う時間も半日や泊まりなど長かったと思います。養育費は後々母に聞いたところ、特に払っていなかったそうです。

日本全体ではどうでしょうか。厚生労働省のウェブサイトにある令和三年度全国ひとり親世帯等調査結果報告(注)を見ると、半分以上のひとり親世帯で養育費や面会交流の約束がされていないことがわかります。

子どもがいる場合でも離婚は親権者を決めるだけでできるので、養育費や面会交流についてはまったく話し合われないこともあります。「ひどい虐待があったので面会交流は子どものためにならない」といった、事情がある家庭ももちろんあります。しかし親側の「（自分がもうあの人に会いたくないから）会わせたくない」「面倒くさい」といった感情が理由になることもあるのではないでしょうか。

子どもの立場で考えると制度や世の中の事情なんてものは知りませんし、知らされません。「『しんけん』のことで親がもめているみたいだ」、「これからはこっちの親はいるけど、あっちの親とは会えなくなるみたいだ」くらいの理解かもしれません。もしかしたら「自分でどっちの親と住むか決めなきゃいけないみたいだ。でもそんなの決められないよ」と苦しむこともあるでしょう。親権を巡る争いで両親の仲が悪くなれば、それを見た子どもはさらに心に傷を負ってしまいます。また、別れた親と連絡を取りたいと思っても一緒に住んでいる親の協力がなければ難しいでしょうし、進学したくてもできないといったお金の悩みも出てくるかもしれません。……このように考えていくと単独親権という制度は、もともとの親権の意味である「子どもの利益のためのもの」とは反対の方向に行っている気がするのですが、どう思いますか？

注　厚生労働省　令和三年度全国ひとり親世帯等調査結果報告〔https://www.mhlw.go.jp/stf/seisakunitsuite/bunya/00018147_00013.html〕

●単独親権……離婚後に両親のうちどちらか一人しか子どもの親権を持たない状態

「面会交流」のはなし

「単独親権」のはなしの中で養育費と面会交流について説明しました。子どもの立場からすると、気になるのは養育費よりも別居の親と会えるのかどうか、つまり「面会交流」だと思います。私が面会交流をしていたからそう思うだけかもしれませんが。まずは面会交流についてもう少し掘り下げたいと思います。

ここで一度、自分が小学生の子どもだとして考えてみてください。もしも片方の親から「自分たちは離婚するから、もう一人の親とはもう会えなくなる」と言われたら、あなたはどう感じ、どうしたいと思いますか？

次は自分が成人を迎えた大人だとしてもう一度考えてみてください。もしも片方の親から「自分たちは離婚するから、もう一人の親とはもう会えなくなる」と言われたら、あなたはどう感じ、どうしたいと思いますか？　自分が子どもか大人かで感じ方は変わりますか？

……考えはまとまりましたか？　では私の考えを言いますね。

私はきっと子どものときだったら「なんで会えなくなるんだ」と怒って暴れて、しかし何年かしたらそれが当たり前なんだと受け入れてしまうでしょう。似た境遇の人も周りにいないので、疑いもせず「どうしようもない」と思ってしまうかもしれません。しかし大人のときだったら「意味がわからない」と答え、もう一人の親（私の場合は親というか継父になるのでしょうが）とも交流を続けるでしょう。子どもか大人かで考えることは大きく変わります。

大人よりも子どもの方が無力で、おかしいことでも当たり前だと受け入れてしまいやすいです。だから私はできる限り子どもの立場に立って考えるようにしたい、そう感じます。あなたの考えと比べるといかがでしょうか？

私自身は母と面会交流ができて本当によかったと思っています。母との交流を続けられましたし、「母が悲しむだろうから」という理由で踏みとどまれたこともたくさんあります。何かしらの犯罪者になっていた可能性もありますからね。ですから面会交流を大事にしてくれたことについては父親に感謝しています。

「別居の親とも交流を続けることは子どもにとって大切だ」ということは世界中の研究からも明らかになっています。例えばある海外の研究(注1)で、離婚後に共同養育（両親とも子どもと交流を続けている状態）になった子どもと、単独養育（親一人で育てている状態）になった子どもを比較した六十の研究論文を調べました。その結果半分以上の三十四の研究で「共同養育の子どもの方が単独養育の子どもよりも、行動面・感情面・身体面・学力面、そして親や祖父母との関係性の五項目すべてでよい」という結果が出ていることがわかりました。残りの二十六の研究でも共同養育の子どもの方がよい結果の項目が多い、あるいはどちらも変わらないという結果が出ていて、共同養育のメリットが多いことが読み取れます。私がもし母との面会交流なしの単独養育だったら、暴れまわり、イライラし続け、食事に気もつかわず、勉強もせず、家族なんて知るか、と五項目すべてで悪い結果を出していたと思うので、この結果はわかりみが深いです。

残念ながら日本での研究はまだあまり進んでいません。しかし少ない研究の中でわかってきていることもあります。例えば離婚後も子どもの養育について両親が協力的であるほど、結果的に子どもの適応度が良好である（自尊感情が高かったり、抑うつ気分が低かったりする＝いい感じである）と考えられています。（注2）

他にも多くの研究で子どもにとって、共同養育はメリットがあることが明らかになっています。子どものために、子どもが別居の親との交流を続けられるよう努力する。それが親権者の、そして別居の親の義務だろうと思います。しかし「単独親権」のはなしで説明したように、日本ではまだまだ面会交流が一般的ではありません。二〇一一年には民法七七六条にも書かれるようになったのですが……。不思議ですね。

注1　Nielsen,L. (2018) Joint versus sole physical custody: Outcomes for children independent of family income or parental conflict. Journal of Child Custody, 15 (1), 35-54.

注2　直原康光・安藤智子（2022）離婚後の父母コペアレンティングと子どもの心理的苦痛、適応等との関連―別居後面会交流を実施していた児童期後半から思春期の子どもと母親の親子対応データを用いた検討―教育心理学研究、70, 163-177.

ちなみに「何がなんでも面会交流が必要だ」という意見とは違いますよ。虐待などによりもう一人の親との交流がない方が子どものためになる場合もあります。

私の場合、母と住み始めた後に父親との面会交流が設定されたとしても絶対に行かなかったと思います。定義上虐待ではなかったとしても、生活の中でものすごくストレスを与えられ、心の面でも体調の面でもたくさんの悪影響がありました。もう一度会えばストレスでまた苦しむことになる気がします。父親とは面会交流がなくてありがたかったです。

ちなみにのちなみのはなし。「子どもが『嫌いだから会いたくない』と言ったら、絶対面会交流すべきでない」というのも違うと思います（手のひらをかえすようですが）。別居の親に対する「嫌い」がどこから来ているのかは考える必要があるでしょう。気をつけたいのが、同居の親が別居の親の悪口を言っていたから「嫌い」と言っているとき。小さいうちは身近な親の意見は「そうなんだ」と受け入れてしまいやすいです。本当は好きだったはずなのに、同居の親が別居の親について悪く言うのを何度も聞いているといつの間にか「嫌い」になってしまうこともあります。それを大人が真に受けてしまうと、面会交流がなくなり、別居の親と切り離されてしまい、会いたいときにはもう会えず……。これは子どものためになっているでしょうか？　子どもの意見は大切ですが決めるのは大人であり、責任を負うのも大人です。責任を負うことまで考えて大人がきちんと判断してください。

場合によっては虐待があっても、その親に会いたいと思う子どももいます。もうほんとにケースバイケース、それぞれの事情を考えて決めていくしかありません。面会交流を設定するときは一人ひとりの子どもの事情を、丁寧に慎重に汲み取ってもらえるといいなと思います。

●面会交流……子どもと別居している親が交流を持ち続けること

「養育費」のはなし

離婚後のポイントのふたつ目「養育費」についてです。養育費とは子どもの成長に必要なお金のことで、普段子どもを育てている人が同じ子どもの扶養義務（子どもを育てる役割）のある他の人からもらいます。「離婚前は二人の親がお金をやりくりして育てていたのに、離婚によって子どものためのお金が減ってしまうのはよくないから、離婚後も子どものお金のやりくりは二人でしようね」という話です。離婚して親権がなくなっても扶養義務は残ります。

ただ先ほど説明したように、離婚のときに養育費のことを話し合っていなかったり、約束しても渡されていなかったりすることが多いです。「約束したなら強制的に守らせればいい」とも思いますが、「約束した」ということが証明できないとなかなか難しいようです。

子どものためのお金が減るとどうなるか。子どもの貧困につながっていきます。すでに日本でもひとり親家庭の貧困は大きな問題になっています。厚生労働省が二〇一五年にまとめた「ひとり親家庭等の現状について(注1)」の資料によると、ひとり親家庭の相対貧困率は五十四・六％と半分以上で、一般世帯よりもだいぶ高くなっています。そして一般世帯よりも子どもの大学進学率が低く、子どもにかけられる教育費が少ないこともわかっています。

私自身、当時はあまり気にしていませんでしたが父子家庭のときは貧しい方だったのかもしれません。祖母も祖父も「お金がない」とよく嘆いていて、私の服や必要な物は母に会ったときに買ってもらっていました（同性の母との方が買いやすいという理由もありましたが）。食事と住むところには困っていませんでしたが、旅行したことはありません。高校受験のときは誰かに何か言われたわけではないのですが、「お金のかかる私立は途中で通えなくなるかも……」と怯え、なんとか公立に受かるよう祈っていました。

少し話が逸れますが、離婚だけではなく死別やもともと未婚だったためにひとり親家庭、もしくは親がいない状態になってしまい、貧困の状態になることもあります。日本全体の現状を知るため、内閣府は令和三年子供の生活状況調査の分析報告書をまとめました。(注2) 子どもの貧困に注目した調査を行ったのです。これを見ると回答が得られた子ど

注1　厚生労働省　ひとり親家庭等の現状について
〔https://www.mhlw.go.jp/file/06-Seisakujouhou-11900000-Koyoukintoujidoukateikyoku/0000083324.pdf〕
注2　内閣府　令和三年子供の生活状況調査の分析報告書
〔https://www8.cao.go.jp/kodomonohinkon/chousa/r03/pdf-index.html〕

ものいる世帯のうち、ひとり親世帯は十二・五％、ふたり親世帯は再婚・事実婚を含めて八十六・九％でした。ちなみにステップファミリーはこういった調査ではふたり親世帯に含まれてしまうので正確な割合はわかりません。区別して計算されるようになればもう少し実態が見えてくるのになぁと思います。

気を取り直して。ひとり親世帯の中で現在の暮らしの状況について「苦しい」または「大変苦しい」と回答した割合は五十一・八％と半数以上でした。ふたり親世帯の2倍以上の割合です。ひとり親世帯では子どもの衣食住が確保されていない割合が高いことも指摘されています。

さらに生活満足度としても、ひとり親世帯の子どもの方が低いという結果になっています。いずれも数値をそのまま比べているだけなので、ふたり親世帯との差の大きさはわかりません。しかし多くの項目でふたり親世帯との差が見られました。

お金があれば満足いく生活を絶対送れるわけではありませんが、「お金に余裕があれば、気持ちにも余裕が生まれやすい」ことは想像がつくと思います。離婚をするにしても二人で子どもを支え続けていてほしい。しかしひとり親家庭の方がお金で苦労している割合が高いというのが現状です。

一方で「ひとり親家庭は貧しくてかわいそう」と勝手に判断されるのも困ります（よね?）。貧しいか貧しくないか、満足しているかそうでないかは本人たちが決めることですし、「助けが必要」と「かわいそう」も別次元のことです。百億円とかごちそうとかをくれると言うならありがたくいただきますが、「かわいそう」と言われると否定したくなります。同情するなら金をくれってやつですかね。

法律を整えることは大切だと思います。今は「こうしましょう」と法律で言われていても守っていない人が多い状態ですが、離婚をするときは面会交流と養育費のことを絶対に決める。きちんと実行する。公的な機関がチェックする。約束が守られていないときは強制できるようにする。こういう仕組みがもっと整えば、親と会えなくなる子どもや経済的に苦しむ子どもが少しでも減るのではないでしょうか。

● **養育費**……子どもを育てる義務がある人が、実際に子どもの世話をしている人に払う子どものためのお金

「共同親権」のはなし

「親権」のはなしで「離婚となると日本の法律では二人で親権をもつことができなくなる」と説明したのを覚えているでしょうか。実は他の国に目を向けてみると離婚後に単独親権しか認められない国というのは珍しく、多くの国で親二人ともが親権を持ち続ける「共同親権」が認められているのです。

法務省の「父母の離婚後の子の養育に関する海外法制調査結果[注]」を見ると、海外二十四カ国のうち離婚後に単独親権しか認められない国は日本とインドとトルコだけで、その他の国では共同親権が認められています。例えばイギリス、オーストラリア、韓国、中国、フランス、ロシア、アメリカのワシントンＤＣ（アメリカは州によって違いがあります）などです。

今は共同親権が認められている国も最初からそうだったわけではなく、もともと離婚後は単独親権しか認められていませんでした。しかし「子どもの利益を最大限尊重するべきだ」という考えが世界中で広まり、「離婚後も別居の親と交流が続いている方が子どもにとっていい場合が多いぞ」という研究も出てきたので（「面会交流」のはなしでも紹介しましたね）、離婚後も共同親権を認める形に変化してきたのです。そう考えると日本は世界の流れからだいぶ遅れています。

共同親権が認められている国では関連する法律も整えられています。例えば韓国では離婚をするときに面会交流や養育費について決めておくことが義務であり、二人の親が子育てについて協力し続ける後押しとなっています。また、他の多くの国でも養育費や面会交流について決められているかのチェックがあり、さらに公的機関による面会交流のサポートや両親への教育、カウンセリングなども行っています。

ちなみに面会交流と同じく「絶対共同親権がいい」と考えているわけではありません。虐待など共同親権が不適切なケースもあるでしょう。しかし虐待があるケースについては親権喪失・停止の問題として扱われるべきで、離婚後の単独親権の問題とは区別して考える必要があると思います。

私の場合もし離婚後も共同親権だったとしたら、幼い私の発言で父親の家に住むこと

注　法務省　父母の離婚後の子の養育に関する海外法制調査結果
〔https://www.moj.go.jp/MINJI/minji07_00030.html〕

になったとしてもそれほど大事にならなかったかもしれません。父親の子育ての仕方に母が口を出すことができ、私も困ったことを母に相談しやすかったでしょう。嫌気がさして交番に駆け込んだとしても父親ではなく母の元へ連れていってもらえたかもしれません。いろいろなメリットが思い浮かび、早め早めに対処できたのではないかと想像してしまいます。

ある知り合いの専門家の方は、私の父親は「いつ母親に私をとられるか」が不安だったのかもしれない、と言いました。日本では離婚後は単独親権しか認められていません。そんな中、親権のない方の親が再婚して〝両親〟揃って子どもを育てられる家庭環境が整ったときに、そちらの親に親権者が変わるケースは割とあるようです（私も結果的にこうなりました）。私の父親もそのことを知っていて、つまり日本の制度の影響もあって、私を母親に奪われるかもしれない不安が高まり、つねに監視するような異常な行動につながった可能性もありそうだと言うのです。

それを聞いて私は、父親と母は実は冷戦状態だったのかもしれないと考えました。連絡はとりあっていたので、ものすごく仲が悪いわけではないだろうと思っていましたが、意外と違ったのかもしれません。そして父親の不安のブレーキがきかなくなり、私が巻き込まれたと。

その専門家は、離婚後も父母どちらも親であり続けるという制度なら、つまり単独親権ではなく共同親権が認められていたなら、私の父親の不安もそこまで高まらず関係も悪化しなかったのかもしれない、と話していました。たしかに父親の行動の背景に日本の制度があるとすれば、制度が違っていれば父親の行動も変わり、もう少し状況はマシだったのかもしれません。

さて、みなさんはここまで読んできて共同親権についてどう思いましたか？「正直今までそんなものが世の中にあると思わなかった。親権がどちらかの親だけのものになるのが当たり前だと思っていた」という方もいるのではないでしょうか。私も調べるまではまったく知りませんでした。

しかし世界の流れや共同親権のメリットを知っていくと、「日本でも共同親権が選択肢のひとつとして認められればいいのに」と感じる方もいるかもしれません。実は二〇一一年の民法改正に関する附帯決議（注）（おまけの合意点）で、国は「離婚後の共同親

注　参議院　民法等の一部を改正する法律案に対する附帯決議
〔https://www.sangiin.go.jp/japanese/gianjoho/ketsugi/177/futai_ind.html〕

権・共同監護について今後検討すること」を決定しました。決定したのですが……いまだに検討をし続けています。あれ、今何年？（執筆時：二〇二三年）

しかしまだ話し合いをしているということは、みなさんの意見が反映される可能性もまだあるかもしれません。法律のことについて意見を反映させる手段には選挙（自分の考えに近い人に投票する）や、パブリック・コメント（制度などを決める前に計画案に対して意見を送る）などがあります。あっと、その前に考える必要がありますね。あなたは日本の親権制度について、どうなってほしいと思いますか？

●共同親権……離婚をしても親が二人とも子どもの親権を持ち続ける状態

「日本と世界」のはなし①

はなしの規模が大きくなってきました。ここまでは「日本でも共同親権が認められた方がいいかもね」という雰囲気で話してきたのですが、実はそうのんびりしていられません。世界から見ると「日本は何をやっているんだ、早く法改正して共同親権が認められるようにしないか」と非常に責められている状態なのです。「日本と世界」の間で何が起きているのでしょうか。

「共同親権」のはなしで「『離婚後も子どもの利益を最大限尊重するべきだ』という考えが世界中で広まった」と説明しましたが、その流れの中で一九八九年に生まれた条約があります。国連（国際連合）の「子どもの権利条約」です。小学校や中学校の教科書にも出てきます。

子どもの権利条約は世界中すべての子どもの権利を守るために定められた条約です。親の離婚に関係する部分の抄訳（注）（一部分の翻訳）を紹介しますね。まず第七条には「子どもは（中略）できるかぎり親を知り、親に育ててもらう権利をもっています。」とあります。さらに第九条には「子どもには、親と引き離されない権利があります。子どもにもっともよいという理由から引き離されることも認められますが、その場合は、親と会ったり連絡したりすることができます。」と書かれています。これらはすべての子ど

注　日本ユニセフ協会　子どもの権利条約日本ユニセフ協会抄訳〔https://www.unicef.or.jp/kodomo/kenri/syouyaku.html〕

もが持っている権利です。

日本はこの条約を一九九四年に批准（守ります、と宣言）しました（ちなみに批准の時期も他の国に比べるとだいぶ遅れていました）。批准したからには、きちんと条約を守らなければいけません。

しかし実際にはどうでしょうか。現在の単独親権の制度では子どもと別居の親との関わりは途切れやすく、離婚が幼い頃なら別れた親のことをまったく知らないままになることもあります。面会交流や養育費の制度が整っていればまだいいのですが、それも不十分です。「子どもの権利を守ります」と言っておきながら、第七条や第九条をないがしろにしている、これでは嘘つきになってしまいます。

日本政府もまずいとは思っているのか、「共同親権」のはなしで説明したように「離婚後の共同親権・共同監護については、今後検討します」ととりあえず宣言しました。しかしその後もなかなか変化はありません。

子どもの権利条約の問題が解決しないまま二〇一三年、日本はまた別の条約を批准しました。「国際的な子の奪取の民事上の側面に関する条約」（ハーグ条約）です。これは

「子どもの利益のため、親権を侵害するような（親と子を会えなくさせるような）国境を超えた（もう一人の親による）子どもの連れ去りなどがあったときは、子どもを元の国家へ戻すよう国同士で協力していきましょう」という条約です。例えば「外国で国際結婚をした日本人が離婚のときに、勝手に子どもを連れて日本に帰ってしまい、子どもともうひとりの外国籍の親の関係を断ち切ってしまう」という問題が起きた場合、日本政府は子どもを元の国に戻すために協力することを約束したのです。

しかし日本はハーグ条約も十分に守れていません。日本人の親が勝手に子どもを連れて帰ってきても対処しないため、他の国から批判され続けています。そもそも子どもの連れ去りを大した問題だと思っていないのかもしれません。母親が「実家に帰らせていただきます」と子どもを連れて家を出ていくのは、ドラマだけでなく現実でも「よくあること」です。しかしこのような子どもの連れ去りは国によっては「拉致」「誘拐」と呼ばれ、重大な犯罪行為になります。例えばもし私の両親が国際結婚で、離婚のときに父親に勝手に日本に連れてこられて母と引き離されたとしたら……背筋がぞっとします。

条約を守っていない日本に業を煮やした国連の子どもの権利委員会は、二〇一九年日本に対して勧告を出しました。(注1) 子どもの権利条約と日本の現状を照らし合わせて「この部分の子どもの権利が守られていないですよ」と問題点を指摘したのです。その中には「離婚後も子どもの利益を最大限尊重したうえで、外国籍の親も含めて共同親権を認められるようにすること」、「別居の親との関係や交流を維持する権利を保障すること」とはっきり書いてありました（ちなみに他にも問題点はたくさん指摘されています）。

二〇二〇年には欧州連合（ＥＵ）も黙っていられなくなりました。日本人による国際的な子どもの連れ去り問題に対して強く抗議したのです。(注2)「現状では国際的なルールを守れていない。早く国内の法律を整備した方がいい」と指摘がありました。

国連もＥＵも共通して「子どもの利益のために、子どもが別居の親との交流できる権利を守りなさい。そのために早く共同親権を認める法律を作って、子どもの権利を守りなさい」と抗議しているわけです。

世界、具体的には国連やＥＵの言っていることも、もっともだと思います。みなさんはどう思いますか？　私は「親子の交流が続くことのメリットが明らかになっているわけだし、子どもの権利条約もハーグ条約も批准したんだから、ちゃんと法律を整えて子どもも約束も守ればいいのに」と思います。

共同親権以外にも、日本は家族関係のことはだいぶ遅れている気がします。夫婦別姓とか、同性婚とか。単純に家族の多様性を認める、ということだと思うのですが……。お互いにわかりあって、みんなハッピーになれればいいなと思います。

世界の流れが全部正しいとは言いませんが、それでも日本と世界を比べることで日本を新しい視点で見つめ直すことができます。日本の当たり前は世界では当たり前ではありません。今は日本にいながらにして世界の情報を集めることが簡単にできる時代です。自分の当たり前を信じすぎず、ぜひいろいろな考え方を知ってから自分の考えを整理していってほしいと思います。

●世界から見ると、日本は親の離婚後の子どもの権利を守るための法律が十分でない国

注1　国連人権高等弁務官事務所〔https://tbinternet.ohchr.org/_layouts/15/treatybodyexternal/Download.aspx?symbolno=CRC%2fC%2fJPN%2fCO%2f4-5&Lang=en〕

注2　駐日欧州連合代表部　日本語仮抄訳〔https://www.eeas.europa.eu/delegations/japan_ja/82554〕

「ステップファミリー」のはなし

やっと「ステップファミリー」のはなしに入っていきます。ここまで長かった……。そりゃあステップファミリーの支援はなかなか広がらないですよね、親の離婚の段階まででで知ってほしいことや今後の課題がいっぱいあるんですから。

ステップファミリーという言葉、私は「はじめに」のところで「親の再婚（あるいは親の新しいパートナーとの生活）を経験した子どものいる家族」と紹介しました。そして当たり前のようにステップファミリーという言葉を使ってきましたが、ここでこの当たり前を疑っていきましょう。この本の裏テーマです、〝当たり前を疑おう〟。

ステップファミリーは英語で書くとstepfamilyです。「step」は歩みを意味する「ステップ」とは語源が違い、もともとは「近しい親族を亡くした」という意味があります。ステップファミリーという言葉が生まれた当時は、死別を経験して新しいパートナーを迎える家族が多かったのでしょう。

「親の再婚（あるいは親の新しいパートナーとの生活）を経験した子どものいる家族」

を意味する言葉は他にもあります。例えば blended family（ブレンディッド　ファミリー）。Blended はコーヒーのブレンドなどの blend に ed がくっついているので、ブレンドされた、つまり混ぜられた家族という意味になります。

あとは reconstituted family（リコンスティテューティッド　ファミリー）。構成するという意味の constitute の最初に re がついて再構成するという意味になり、最後に ed がくっついているので再構成された家族、という意味に……なんだか英語の授業っぽくなってしまいました。

日本語では同じように使われている言葉として子連れ再婚家庭という表現もあります。もしかしたらステップファミリーよりも子連れ再婚家庭の方が聞きなじみがあるでしょうか？

さあ、「親の再婚（あるいは親の新しいパートナーとの生活）を経験した子どものいる家族」を意味する言葉はステップファミリー以外にもありました。ではなぜこの本ではステップファミリーという言葉を使っているのでしょうか。

私の答えは「便利だから。あとは響きが好きだから」です。すでに日本にもステップファミリーという言葉は広まってきていますし、海外でもやっぱり一番使われているのはstepfamilyという表現だと思います（私調べ）。ですから「親の再婚（あるいは親の新しいパートナーとの生活）を経験した子どものいる家族」のことが知りたければ「ステップファミリー」で検索するのが一番簡単であり、情報を発信する側としてもステップファミリーという言葉の方が見つけてもらいやすくなります。

いろいろなパターンの家族を含めてくれるのも便利です。例えば、子どもから見て血縁のある親が初婚でも再婚でもステップファミリー、継親が初婚でも再婚でも、なんなら二人が事実婚でもステップファミリーです。結婚する二人ともに子どもがいても、結婚した後新しく子どもが生まれても、同性カップルでもステップファミリーです。ひとつひとつの家庭事情には大きく差がありますが、とりあえずステップファミリーです。

あとは響きですね。小さい「ッ」と半濁音の「プ」があることで、明るいイメージがあります。ダンスの足の運びなんかもステップという言葉を使うので、どこか軽やかな印象も受けます。「私たちはこれでいいのさ～♪」なんて歌ってそうです。……それはさすがに言いすぎですね。

しかし例えば「ズデッブ」だとこうはいきません。何か鼻か喉に詰まったような、滞った印象になります。何もうまくいかなさそうです。響きは大事です。

ということで便利さと響きを理由に、私は当たり前のようにステップファミリーという言葉を使っているというわけです。みなさんも使ってみてはいかがでしょうか？

●ステップファミリー……親の再婚（あるいは親の新しいパートナーとの生活）を経験した子どものいる家族

「継親」のはなし

ステップファミリーという言葉を掘り下げたからには「継親」という言葉も一度考えてみる必要がありそうです。継親は親なのか、親ではないのか。難しい話になりそうですがやってみましょう。

私はこれまで母の再婚相手のことを何度も「継父」と表現してきました。しかし父とは思っていない人を継父と表現することに、ずっと違和感がありました。「父」の字が入っているので「あれ、父って言っちゃってるじゃん」と引っかかってしまうのです。

それなのになぜ使い続けているかというと、便利だし、伝わりやすいから。これに尽きます。「ステップファミリー」と同じように広く使われている言葉であり、「継親」という文字を見れば言葉の意味を知らなくても「親だけど何かワケありの立場なのかな」と想像できます。辞書で調べればちゃんと意味もわかります。それにたった二文字の「継父」という言葉がなければ、私は「母の再婚相手」と毎回六文字も使って伝えなければなりません。

しかし言葉は考えを伝えるためのとても便利な道具ですが、考えを思いもよらない型にはめ込んでしまうこともあります。自分の気持ちから言葉が出るのではなく、使われた言葉によって自分の気持ちが決まってしまうのです。

例えば「継親」と呼ばれたその人は「自分も親になるんだ、親として頑張らないと」と思ってしまうかもしれません。「継父／継母の立場なんだから」と言われれば「本当の父／母みたいにならなきゃ」と考えてしまうのではないでしょうか。しかしその考えは自分の気持ちではなく、使われた言葉に影響されているかもしれません。

継親が「親になろう」と行動した結果、誰もが認める親子の関係になるケースもなくはないのでしょう。しかし想像するよりはるかに難しいと思います。親を目指すよりも他の方向でがんばった方が、まだ子どもと仲良くなれそうです。便利な言葉ですが「継親」の「親」の字に振り回されすぎないよう注意した方がいいでしょう。

日本のメディアでは「継親・継父・継母」という表現を敬遠して、「親・父・母」とだけ伝えていることが多いです。これは完全に振り回されていますし、正確な情報ではありませんし、どこからつっこんでいいのやら。

いろんな人が見る情報媒体（メディアや研究論文など）では「継親・継父・継母」を使うことが、いまは最善でしょう。私も注意しつつ、しばらくは「継親・継父・継母」という言葉を使っていくのだと思います。「親・父・母」と表現してあいまいにするのではなく、まずは「継」をくっつけるところから始めましょう。何かワケありなのが伝わってもいいじゃないですか。違うものを区別していって、いろいろな家族があること当たり前にしていけば、違いも気にならなくなるでしょう。

海外でも継親は stepparent といって parent（親）が入った単語が使われています。「親」が入っていることについてはどう捉えられているのでしょうか。もしかすると「親が入っていても親を目指せってことじゃないでしょ」なんて割り切って考えているのかもしれません。継親の親の字に振り回されているのは私だけかもしれませんね。

と言いつつ考えるのは自由なので、ちょっと代わりの言葉を考えてみます。私は「子ども」に対して「親」という言葉を持ってくるからよくないと思うんです。「子ども」に対して「大人」という言葉を持ってくるのはどうでしょうか。水族館の入場券を買うときも「子ども一枚、大人一枚」って言いますよね。「子ども一枚、親一枚」とは言いません。そんな感じで「継」という字と「大人」という字で「継大」はどうでしょう。……微妙ですね。じゃあ「成人」という字を使って「継成」は……武将みたいですね。思いきってカタカナも交えて「新メンバー」、というのはちょっと意味が広すぎでしょうか。

もしいい案が思い浮かんだら教えてください。むしろ子どもの立場の私が考えるよりも、継親の立場の人が考えた方がたくさんアイディアが出てくるかもしれませんね。

ちなみに継親・継父・継母には「ままおや」「ままちち」「ままはは」という読み方もあります。しかし昔話の影響で特に「ままはは」にはネガティブなイメージがついてしまって、抵抗感のある方もいます。ですからこの本では「けいしん」「けいふ」「けいぼ」と読むことにしています。

●**継親**……当たり前に使われてほしい言葉。けれどこの言葉をきっかけに親になろうとは思ってほしくない言葉。

「戸籍」のはなし

ここからは心置きなくステップファミリーや継親という言葉を使っていきます。さてステップファミリーができるとき、婚姻届を出すなら子どもの「戸籍」を考える必要が出てきます。

戸籍とは「夫婦と未婚の子」を一セットにして、その家族ごとに人の出生から死亡までの親族関係を記録していく制度です。同じ戸籍の人は同じ名字を使う必要があります。また、家を出たからと言って戸籍は別々になりません。子どもが婚姻届を出すと新しい戸籍が作られ、結婚した二人のことがその戸籍に記録されていくことになります。離婚して子どもの親権を持っている人が別の人と結婚するときも同じです。婚姻届を出した時点で結婚する二人は同じ戸籍に入ることになります。

しかし親権を持つ親が結婚しても子どもの戸籍は変わりません。婚姻届を出すだけだと子どもの戸籍は親と別々に分かれることになり、名字も別々になることがあります。ただ、「必ず別々になる」というわけでもありません。考える点は「子どもと継親が養子縁組をするかどうか」「子どもの名字をどうするか」です。この二つを決めて手続きをすれば（あるいはしなければ）、子どもの戸籍のことも決まってきます。養子縁組と名字についてはのちほど説明していきます。

ここでステップファミリーの話題から逸れるのですが、戸籍の制度についてもう少し掘り下げておきます。そもそも戸籍って何のためにあるのでしょうか。

大人であれば「大事な手続きに使うため……?」と考えるかもしれません。しかし手続きで使う場合も戸籍抄本（戸籍のうちの自分一人分の記録）で十分なものがほとんどです。一人ずつではなく家族ごとに記録をまとめておく必要があるのでしょうか。

実は日本で当たり前の戸籍制度は、海外ではまったく当たり前ではありません。レアもレアなのです。欧米では個人ごとに身分を登録する制度（出生から死亡までを一人ずつ記録する制度）や、もしくは出来事別に（出生、結婚、死亡などに分けて）登録する制度が一般的です。ご近所さんの韓国や台湾も、個人ごとに記録する制度に変わってきています。

では戸籍制度を使っている日本とそれ以外の国では、普段の生活にどういう違いが生まれるのでしょうか。たくさんありますが、ひとつは「日本では戸籍の基準になっている『夫婦と未婚の子』という一セットが、『ふつう』で『理想』の形のように見えてしまう」ということでしょう。

家族の形はいろいろあるはずなのに、まるで「夫婦と未婚の子」の形ひとつしかないように制度が作られているので、それが「ふつう」で「理想」で「幸せ」のように錯覚してしまうのです。ステップファミリーにありがちな「『ふつう』の家庭のように、子どもと継親には親子のようになってほしい」という考え方にも、戸籍制度が作った「ふつう」が影響していると思います。

ステップファミリーでなくても戸籍の影響は知らず知らずのうちに受けています。婚外子（嫡出でない子）という言葉を知っているでしょうか。母親が結婚していない状態で生まれた子どものことです。日本では「結婚している夫婦と子ども」が「ふつう」なので、婚外子の割合は約二％と少ないです。(注1)一方で欧米主要国では三十〜六十％にも上ります。(注2)いろいろなカップルの形を認める制度や、その子どもをサポートする制度が整っているので結婚しないことも「ふつう」なのです。また「夫（男）婦（女）」という表記がされている限り、同性カップルが日本の制度になじむことは難しいでしょう。制度によって「ふつう」は大きく変わります。

二つ目は「日本では戸籍が一緒になれば、名字も一緒にしなくてはいけない」ということです。他の国では結婚しても別姓が選択肢として認められます。結婚しても名字を変えずにすむので仕事や日常生活で困ることもなく、「ずっと同じ名字を使いたい」という人が自分のアイデンティティをなくして苦しむこともありません。昔からではなく

「夫婦（カップル）の別姓を認めよう」という流れがあって変わってきているので、そういう意味でも日本は遅れていると言えます。

そして三つ目は「日本では戸籍を見られれば、同じ戸籍に記録されている全員の情報を一覧できる」ということです。出生・結婚・死亡、親の名前、住所の移り変わり（戸籍の附表という資料に記録されています）が全部わかってしまうのです。プライバシーも何もあったものじゃありません。気にしない人は気にしないでしょうが、気にする人も割と多いと思います。

当たり前のような戸籍にもデメリットはたくさんあります。ということで私は戸籍反対派、というよりは、いろいろな家族の形を認めるために変わってほしい派です。戸籍制度も当たり前に受け入れていた方、戸籍のことなんて考えたこともなかった方は、ぜひ一度考えてみてください。

注1　e-Stat　人口動態調査〔https://www.e-stat.go.jp/dbview?sid=0003411618〕
注2　OECD Family Datadase〔https://www.oecd.org/els/family/database.htm〕

●戸籍……家族ごとに人の出生から死亡までの記録を残していく制度

「養子縁組」のはなし

ではステップファミリーの話題に戻ります。さきほど紹介したうちの「養子縁組」から考えていきましょう。

養子縁組とは血縁関係のない人同士が法律上の親子関係を結ぶためのしくみです。養子縁組を結ぶと親の立場になる人が養親（ようしん）、子どもの立場になる人が養子（ようし）となり、二人は養親子（ようしんし）の関係になります。……養がいっぱいあってゲシュタルト崩壊しそうです。

「結婚相手の子どもと自分も親子関係を結びたい」と継親が思うなら（その判断に子どもが納得したなら）、養子縁組をすることになるでしょう。養子縁組をすれば子どもの戸籍は自動的に実親と継親の夫婦と同じところに移り、名字も二人と同じものを使うことになります。継親も子どもの親権を持ち、単独親権から共同親権の状態になります。

養子縁組には二パターンあります。「普通養子縁組」と「特別養子縁組」です。普通養子縁組では子どもの戸籍の記録に「養父／養母」として継親の名前が増え、両親の名前も残ります。親権のない親の許可もいりません。

一方、特別養子縁組では「父親／母親」として継親の名前が載り、もともとその部分に書かれていた実親の名前がなくなります。継親を代わりとして実親との親子関係が終わってしまうことになります。

実親との関係がなくなる分、特別養子縁組の方がルールは厳しいです。親権のない親の許可も必要だったり、解消できなかったり。ですからステップファミリーでは養子縁組をするとしても普通養子縁組の方が多いです。ただし普通養子縁組は都合によって解消されるケースも多く、果たしてその養子縁組に意味があるのかは疑問が残ります。

私の場合も普通養子縁組でした。養子縁組について母や継父から話をされた覚えはありません。「名字変わるけどいい？」とは聞かれた気もしますが……。大人になって自分で調べて自分で推理したので、途中まで特別養子縁組と間違えていたくらいです。
もしも普通養子縁組と特別養子縁組を選べたら……うーん、難しいです。戸籍から父親の名前がなくなる特別養子縁組の方がありがたい気もしますが、継父が「父親」になってしまうのも違和感がありますし、そこまで責任を負ってもらうのも申し訳ないです。やはり無難なのは普通養子縁組でしょうか。別に養子縁組自体なくてもいい気もしますが、もし母に何かあったらやっててよかったと思えたのでしょうか。

ちなみに共同親権を基本としている国では継親子は養子縁組しない（できない）のが一般的です。離婚をしても両親は子どもの親であり続けると考えるからです。例えばアメリカでは継親子は法的にはほぼ他人の関係のままです。一方でカナダやニュージーランドなどでは継親を第三の親権者（に近い存在）として認め、子どもを支える新メンバーとすることもできる制度を取り入れています。私としてはこの制度が一番自然な感じがしています（自分自身は父親と縁を切りたいことは棚にあげて……）。みなさんはどう感じますか？

●養子縁組……血縁関係のない人同士が、法律上の親子関係を結ぶためのしくみ

「名字」のはなし

次は「名字」について説明していきます。もしかしたら「子どもの名字どうする？」という話から養子縁組や戸籍について考えるというパターンもあるかもしれませんね。

さきほど説明したように養子縁組をすれば名字は実親や継親と同じものになります。もともと同居の親と同じ名字で暮らしていて、継親がその名字に変わる、という場合も三人が使う名字は結果的に同じになるでしょう。

「結婚で同居の親の名字が変わった。継親と子どもは養子縁組をするつもりはない」という場合はどうでしょう？「名字が違っても構わない、むしろその方がいい」というならこのままです。子どもだけ戸籍や名字が違うことになりますが、親子関係、親権者は変わりません。

「いやいや名字が違うのはちょっと……」という場合は子どもを実親や継親と同じ戸籍に入れる手続きをします。戸籍を一緒にすることで自動的に名字も同じになります。

ここで注意しておきたいのが、親側は「子どもも同じ名字がいい」と思っていても、子ども側は「名字が変わるのは嫌だ」と思っている場合があります。それなのに親側が「まぁ慣れるだろう」と子どもの名字を勝手に変えてしまったら……しんどい思いをするのは子どもの方です。こうして不登校になってしまうケースも少なくないようです。もし夫婦別姓が認められていれば同居の親の名字は変わらず、子どもも元の名字のままでいることが簡単になります。夫婦別姓の問題は継親子別姓の問題でもあるのですね。

私の場合は名字が変わること自体は「やったぜ」という感じでした。継父が持ってきた名字がかっこよかったので。かっこいい名字って一度は憧れますよね。そんな名字をなりゆきでゲットできちゃったわけです。やったぜ。

と喜びつつも、その名字で呼ばれることにはしばらく慣れませんでした。呼ばれ方が変わるのは結構そわそわします。新しい名字を使い始めたころは周りに「下の名前で呼んで」と（フレンドリーさを装って）宣言していました。しかし使っていくうちに愛着も湧くもので、自分の結婚でまた名字が変わることになったときは、（新しい名字）＋（元の名字）＋（名前）、とミドルネーム的な感じで残したいと思いました。夫婦別姓というか夫婦プラス姓のような。

みなさんは今の自分の名字は好きですか？　変える機会があるなら変えたいでしょうか？　それともずっと使い続けたいでしょうか？

●名字……同じ戸籍にいる人たちはみんな同じ名字になる

「家庭裁判所」のはなし

なんだか社会の教科書みたいになってきましたね。「家庭裁判所」はもう習ったでしょうか。習った方はどんな場所か覚えているでしょうか。親の離婚や再婚のタイミングで、もしかしたら関わることになるかもしれない場所です。

家庭裁判所は裁判所のひとつで、家庭に関する事件（家事事件）や少年に関する事件（少年事件）などを担当しています。法律上、裁判所で扱う手続きは「事件」と呼ばれるので、離婚、親権者変更、面会交流、養子縁組などに関することも事件と呼ばれます。一般的な訴訟（「お金を貸したのに返ってこない」など）では内容が公開されるのですが、「家庭のことや少年事件の内容まで公開するのはどうなの……?」という考えから、家庭裁判所で扱う事件はその多くが非公開となります。

手続きには調停や審判といった種類があります。例えば離婚や親権者変更、面会交流については調停事件、養子縁組や子どもの名字の変更については審判事件として扱われることが多いです。調停と審判は話し合いをサポートするか（調停）、裁判所が結論を決めるのか（審判）、という違いがあります。

例えば離婚をするとき、だいたいの人は協議離婚という紙一枚出せば終わる簡単な手続きを選びます。しかし子どもの親権のことなどがまとまらないときは、家庭裁判所に話をまとめてもらうため離婚調停という手続きをします。離婚調停（調停離婚）でもうまく決まらない場合、審判離婚になることもまれにあるようです。

親権者を決めるときなどは「どういう選択が一番子どものためになるのか」を判断する

必要が出てきます。家庭裁判所には家庭裁判所調査官という専門家がいて、問題解決に向けたサポートをしています。専門家が一緒に子どもの将来を考えてくれるのですね。

私は親権者が父親から母に変わるとき家庭裁判所にお世話になりました。母からは「一回家庭裁判所に行って話してもらわないといけないんだけど、いい？」とだけ説明され、わけもわからず行きました。「テレビでよく見る裁判の場所に立ったりするのかな」とも思いましたが、そんなこともなく。小さな部屋に通され、調査官さんに父親や母や継父に対する思いなどを聞かれました。おそらく親権者をどうするかを判断するために必要な情報だったのでしょう。私は聞かれるがまま思っていることを素直に話しました。継父に怒鳴られる前でしたし、継父のことはとてもいいように伝えたと思います。そのかい（?）あってか無事に親権者は母になったのでした。

私はその一回だけでしたが、母は手続きのために何度も家庭裁判所に行っていたのではないかと思います。もしかしたら継父も行っていたのかもしれません。

当時は「私が『母がいい』って言うんだから、こんな手続きをしなくてもすぐ親権者を変えてくれればいいじゃん」とも思っていました。しかしいろいろな法律や世界の状況などを知っていくと、こうしてちゃんと公的機関が関わって、専門的な視点から子どもにとっていい選択を提案するということは大切なのだと感じます。

子どもの権利条約の第十二条には「子どもは、自分に関係のあることについて自由に自分の意見を表す権利をもっています。その意見は、子どもの発達に応じて、じゅうぶん考慮されなければなりません。」と書かれています。(注1) さらに詳しい日本語訳(注2)には「児童は、特に、自己に影響を及ぼすあらゆる司法上及び行政上の手続において、国内法の手続規則に合致する方法により直接に又は代理人若しくは適当な団体を通じて聴取される機会を与えられる。」とあります。つまり親の離婚や再婚など子どもにも影響がある手続きが行われるとき、子どもは行政側に話を聞かれる機会を与えられることになっています。

私は親権者変更のときに家庭裁判所で気持ちを話すことができました。しかし書類を出すだけの協議離婚ではそんな機会はありません。離婚調停では親権者を決めるために子どもが意見を聞かれることもあります。けれど子どもからすると「どちらかの親を選ぶか」という重い判断を委ねられているようなものです。本心を話せなかったり、話せたとしても後で自分を責めてしまったりする場合もあります。子どもの声を聴くことは大切ですが、決める責任は親や行政にあることを忘れないでください。子どもは何も悪くないです。何の責任も負うべきではありません。

もうひとつ養子縁組の手続きについてですが、未成年者を養子にする養子縁組は家庭裁判所の許可が必要です。ただしステップファミリーなど、結婚相手の子どもを養子にする場合は家庭裁判所の許可は必要なく、自治体に届け出を出すだけで手続きができてしまいます。私の場合もそうだったのでしょう。養子縁組のことで家庭裁判所に行くことはありませんでした。

しかし子どものことを考えると、継親と継子が養子縁組をするときも家庭裁判所を通した方がいいと思います。許可どうこうよりも、専門家が関わるチャンスがあった方がいいです。例えば養子縁組をするときに調査官がそれぞれの立場の人から話を聞いて「こういう風にしていくといいと思いますよ」と助言をする機会があったり、ステッ

注1　日本ユニセフ協会　子どもの権利条約日本ユニセフ協会抄訳〔https://www.unicef.or.jp/kodomo/kenri/syoyaku.html〕

注2　日本ユニセフ協会　子どもの権利条約政府訳〔https://www.unicef.or.jp/kodomo/kenri/1_9j16j.htm〕

プファミリーについての講習を受けたら養子縁組の許可を出しますという流れにしたり……。

あまり人の家の家庭事情に首をつっこむことは喜ばれないご時世なのでしょうが、子どものことをすべて親任せにするのではなく、社会全体で取り組んでいこうという意識が高まるといいなと思います。

●家庭裁判所……親子関係や家族関係のことを一緒に考え判断する公的機関

「虐待」のはなし

ちょっと重い話になりますがステップファミリー関係なく、どの家庭でも知っておいてほしいことです。どの子どもにも大人にも。

虐待とは簡単に言うと相手をひどく、むごく扱って傷つけることです。その中の「児童虐待」、子どもへの虐待は保護者が子どもを傷つけることを意味しています。

児童虐待は四種類あります。殴られる・蹴られるなどの身体的虐待、性的な行為をされるなどの性的虐待、家に閉じ込められる・食事をもらえないなどのネグレクト、そして言葉による脅し、きょうだい間での差別的な扱い、目の前で他の家族に暴力をふるうなどの心理的虐待です。児童虐待は重大な犯罪であり刑罰の対象となることもあります。

みなさんもテレビのニュースなどで聞いたことがあるかもしれません。ニュースになるような事件は被害者の子どもがまだとても小さいことが多いです。しかしニュースにはならないだけで、小中学生や高校生の年代の子どもも虐待の被害者になっているケースがあります。

ちなみに法律上は、児童虐待の加害者として当てはまるのは保護者の立場の人です。じゃあ保護者以外、例えば保育士や教師などは児童虐待にあてはまらないから別に子どもを叩いてもいいのかというともちろんそんなわけはありません。保護者以外の場合も子どもに対する虐待行為は、してはいけないことだと決められています。

虐待は子どもの命を奪うことがある行為です。それだけではなく、子どもの心や身体、脳に深い傷を与え、将来にまで影響することがわかっています。

例えば虐待を受けている子どもは、イライラしやすくなったり、逆に何にもやる気を出せなくなったり、行動や精神状態が不安定になります。その後成長して虐待がなくなったとしても、集団行動が苦手だったり、アルコールや薬物に依存してしまったり、うつ病などの脳の病気になったりすることがあります。もし虐待がなかったら選ぶことのできていた未来を奪われてしまいます。虐待を受けている間だけではなく、子どものその後の人生にまで傷を残してしまう、だから虐待は重大な犯罪なのです。

最近は虐待の他にマルトリートメントという言葉も使われるようになってきました。児童虐待は法律で定義されている言葉なので、「ここからは虐待だけど、ここまでは虐待ではない」という線引きをしなければならない場面も出てきます。そうなると「親が子どものことを一回叩いたみたいだけど、それだけで虐待と言うのも……」という判断もありえるかもしれません。

そこでマルトリートメントの出番です。マルトリートメントは「大人から子どもに対する不適切な関わり」という意味で、児童虐待よりももっと広い範囲のことを指しています。ですから「叩くのは一回でもよくないから、マルトリートメントだよね」と言えるようになります。

虐待もマルトリートメントも続けば続くほど、悪い影響が出てしまいます。もしあなたがいまつらい思いをしているなら誰かに相談しましょう。学校の先生でも、交番の警察官でも、児童相談所でも、直接話すのが嫌であれば電話やネットを使った相談窓口もあります。たまにちゃんと聞いてくれない大人もいますが、諦めず、他の大人に相談してみましょう。

親の立場なら一度「自分はマルトリートメントしていないかな？」と振り返ってみることをおすすめします。もし心当たりがあっても「やばい、バレないように黙っとこ」はやめてくださいね。「これからは不適切な関わりをしなくてすむように」一緒に考えてくれるのも相談機関です。気になることがあれば一度相談してみてください。

さて、最初に「虐待はステップファミリーに限った話でない」といったことを書きましたが、厚生労働省が作った「子ども虐待対応の手引き(注)」には虐待のリスクのある養育

注　厚生労働省　子ども虐待対応の手引き〔https://www.mhlw.go.jp/bunya/kodomo/dv12/00.html〕

環境のひとつとして「子ども連れの再婚家庭」が含まれています。そしてその後の記述で、リスクがあるからと言って「機械的に虐待が発生する家庭と決めつけてしまう危険性」には気をつけなければならないことも書かれています。

たしかに虐待の加害者には継父や継母の立場の方もいます。しかし日本ではステップファミリーの全体の数がわからないため、実親二人の家庭に比べてステップファミリーの方が虐待の割合が多いと言えるかどうか、正確には判断できません。

一方、ステップファミリーが広く知られている欧米ではずいぶん前からステップファミリー内での虐待について問題視されています。きちんと問題として取り上げられているからこそ、ステップファミリーの研究も支援も進んでいるのかもしれませんね。

日本ではわからないと言いながら、あえて聞いてみます。あなたはステップファミリーであることは虐待が起きるリスクになると思いますか？　思うとすれば、それはなぜでしょうか？　……もしかしたらその答えがステップファミリーの虐待を予防する手がかりになるかもしれません。

リスクがあるなしに関係なく、すべての人がどういう関わりが子どものためになるのか、どういう関わりはよくない影響を与えるのか、よくない関わりをしないためにはどうすればいいのか、といったことを知ってほしいと思います。他人事だと思わずに、少しでも虐待やマルトリートメントの問題に関心を持ってもらえると幸いです。

●虐待……子どもの人生に悪影響を及ぼす行為

「日本と世界」のはなし②

虐待まではいかなくても、なんとなく継親と子どもの関係がうまくいかない状態はステップファミリーではよくあります。しかしステップファミリーの一番の難しさは「本人たちも周りの人も、ステップファミリーならではの難しさに気づいていない」ということにあると思います。

親二人と子どもという「ふつうの家族」を目指してしまうからうまくいかない、なのにそれに気づかない。子どもはどこまでを我慢してどこまでは自分の気持ちを言っていいのかわからない。周りの人もステップファミリーの知識がなく、間違ったアドバイスをしてしまう……難しさはたくさんあります。

これまで紹介してきたように海外ではだいぶ前からステップファミリーの難しさが注目されていて、支援も充実してきています。ここではステップファミリーの支援について日本と世界とを比べていきます。

ステップファミリー支援はさまざまな形で行われていますが、例えばアメリカにはSmart Stepsというプログラムがあります(注1)。ステップファミリーのカップルとその子どものために作られたもので、ステップファミリーが楽しく過ごしていくための知識を学ぶことができます。このSmart Stepsを基に日本の支援団体ＳＡＪ（ステップファミリー・アソシエーション・オブ・ジャパン）が日本語の資料を作成してホームページに載せていますので気になる方はチェックしてみてください。

ステップファミリーのメンバーにステップファミリーについて学んでもらうことには、効果があることも明らかになってきています。ある研究(注2)ではステップファミリーへの教育によって親が子どもに共感することが増え、家族の時間を大切にするようになり、子どものためになったという結果が出ています。

また、世界のほとんどの国では離婚や再婚のときに国の専門機関が関わり、子どもの立場を守る支援をしています。例えばアメリカでは離婚のとき、離婚後の子どもの養育について学ぶプログラムに参加することが義務になっています。再婚のときも子どもに配慮するべきことなどを学ぶプログラムやカウンセリングの機会が用意されています。

日本では残念ながら全国的な公的支援は進んでいません。離婚のときは家庭裁判所が関わらない協議離婚が選ばれることが多く、養育費や面会交流についても離婚届のチェック欄にチェックをすれば決めたものとしてみなされてしまいます（専門機関が関わらない協議離婚ができる国もタイや中国などだけで少数派です）。

自治体によっては離婚後の家族への支援に力を入れているところもあります。しかし中には継父・継母を「新しいお父さん・新しいお母さん」と表現していているところも

注1　Adler-Baeder, Francesca. Smart Steps. National Stepfamily Resource Center. [http://www.stepfamilies.info]

注2　Higginbotham, B., Skogrand, L., & Torres, E.（2009）Stepfamily Education: Perceived Benefits For Children. Journal of Divorce & Remarriage, 51, 36-49.

あるのでなかなかおすすめできません（私はそれは逆効果だと考えているので）。

民間団体では先ほど出てきたＳＡＪという団体があります。ステップファミリーを経験した方が作った支援団体で、全国どこからでもインターネットや電話で相談することができます。他には離婚後の共同養育をサポートする一般社団法人りむすびというところがあります。子ども向けにはＮＰＯ法人ウィーズという団体があり、親の離婚など家庭環境に悩む子どもの相談を二十四時間受けつけています。

少しずつ情報や支援は広がってきています。しかしまだまだ広げていく必要性も感じています。私はいろんな自治体でステップファミリーがきちんと取り上げられるようになって、学校の先生など普段子どもと関わる仕事の人にも知識が広がって、子どものサポートをしてもらえたらいいなと思います。

あとは法律が整備されるとうれしいです。「子どもの権利を守る、子どもにとってのメリットを尊重する」という観点が、日本はどうも足りないような気がします。子ども自身が声をあげることはなかなか難しいですが、世界中のたくさんの専門家が研究を重ねて「こうすると子どもにとっていい結果になる」ということがわかってきています。

もっとその研究結果を活かしてもらいたいです。

みなさんは日本がどんな国になっていくといいと思いますか？　ステップファミリーはどんなサポートが受けられたらいいと思いますか？　みんなで考えて、みんなで意見を出していくことが大切です。ぜひ一度考えてみてください。あと成人になったら選挙に行きましょう。

この本だけでは足りないこともたくさんあります。ぜひ後述のおすすめ書籍も読んでみてください。そして一緒に考えていきましょう。

●ステップファミリー先輩国を参考にして日本のことを考えていこう

Ⅲ

提案したいこと

自分の体験談はうまくまとまりましたが、「もう一回これを体験して」と言われるとしんどいです。「ああすればよかった」「こうしてほしかった」と思うことはたくさんあります。

ここからはステップファミリーになった人に向けて「こうすればいいのではないか」ということをいくつか提案していきます。読んだ方やその周りの方ができる限りしんどい思いをせずにすめばいいなと思います。参考にしてみてください。子どもの立場で書いている部分も多いですが、ご了承ください。

ステップファミリーは本当にいろいろなパターンがあるので、私の言うことがまったく的外れに感じるという方もいると思います。その場合は「そういう考えもあるんだ」と、頭の片隅に置いておくくらいで大丈夫です。いろいろな視点を頭に入れておくというだけでも、ステップファミリーのコミュニケーションにおいて大きなメリットになるでしょう（ここではひとつのチャレンジとして、継親という言葉をできるだけ使わないようにしてみたいと思います）。

第五章　親が結婚した方へ（子どもの立場の方へ）

最初にこんなこと言うのもなんですが、ステップファミリーになることが純粋にただただ嬉しい、という人は少ないんじゃないでしょうか。この本を手に取っている方は特に。

嬉しい、楽しみといった気持ちが一番大きくても、不安や心配があったり、怒りや悲しみといった気持ちが混ざったりしていると思います。もしかしたら前向きな気持ちよりも後ろ向きな気持ちの方が大きいこともあるかもしれません。

どちらかに絞る必要はありません。前向きな感情も後ろ向きな感情も両方あって大丈夫です。親に対しても、その新しいパートナーに対しても。

しかし後ろ向きな感情がありつつも、新しい生活を少しでも楽に過ごしてほしいので、これからいくつか提案していきますね。

親と今までどおりに

　まずは一緒に住んでいる親との関わり方についてです。おそらくステップファミリーになる流れとしては、それまで親と二人（きょうだいや祖父母がいれば三人、四人……）で暮らしてきて、そこに新メンバーが入ってくる、というパターンが一番多いと思います。

　急に家に親の新しいパートナーが入ってきて嬉しい人もいれば、親の気持ちが自分から離れてしまったようで寂しく感じる人もいるでしょう。距離感が変わるのはある程度は仕方ないことだと思います。

　しかしそれまで親と過ごしてきた時間がなくなるわけではありません。楽しかったこと、嬉しかったことはぜんぶ本当のことのままです。それは心に留めておくといいでしょう。何か嬉しかったことがあれば共有する、困ったことがあれば相談してみる、そんな日常での関わりは続けていけるといいと思います。

親に気持ちを伝える

家での困ったこと・不安・悩みも、できそうであれば親に話してみましょう。前もって約束したり部屋を移動したりして二人きりの状況をつくり、思っていることを話してしまいましょう。うまく言葉にならなくても「なんとなくもやもやする」とか「ちょっと心配かも」とか、ぼんやりした表現でも大丈夫です。

話すことに抵抗があれば、手紙に書いてもいいと思います。スマホのアプリを使ってもいいです。とにかく気持ちを伝えましょう。あなたの気持ちにまったく気づいていない可能性もあるので、一回伝えてみることが大事です。

「親なんだから言わなくてもわかってよ」は言いっこなしにしましょう。親子でも違う人間なので、わからないものはどうしようもないです。残念なことかもしれませんが、でも全部が全部伝わっていたらそれはそれで怖いですよね。

誰かに気持ちを話す

家のことに悩んでいても、親にはちょっと話しづらい……。そうですよね。私もそうでした。でしたら他の誰かに話してみることをおすすめします。

家の事情を話すのはちょっと大変かもしれませんが、誰かに話すことで気持ちを整理したり、発散したり、心に余裕を持ったりすることができます。とてもすっきりします。困ったときは「まず話す」のがおすすめです。相手に気持ちをわかってもらえたら安心もできますし、何かいいアイディアをもらえるかもしれません。

その分少し勇気というか、ふんぎりは必要です。「えいやっ」の気持ちが大切です。私もこの本でいろんな話をしてきましたが「えいやっ」の連続でした。「えいやっ」がなければここまで書けなかったでしょう。

あとは誰に話すかでちょっと悩むかもしれません。私が一番に思いつくのは友達です。友達みんなに話したわけではありませんが「この人ならちゃんと聞いてくれるかな……」という人をなんとなく察知して二人きりになったときに話してみました。友達によって反応はさまざまでしたが、聴いてもらうことで気持ちが楽になりました。

学校の先生に話すのもアリです。先生にもよりますが、しっかり話を聞いてくれる先生ならあなたの立場に立って考えてくれるでしょう。他にも「あの人になら話せそう」という人が思い浮かんだら、その人でも大丈夫です。

周りに「まったく同じ体験をしたことがある」という人はなかなかいないかもしれません（増えてきているとは思いますが）。しかし誰だって不安な気持ちになったことはあります。あなたの友達も、先生も、親の結婚を経験する他の人も、もちろんあなたの家族も。ですからあなたの不安も誰かにきっと受け止めてもらえます。もし話してみて「あまりすっきりしなかったな……」「なんか違ったな」と思ったとしても、そこで諦めず他の人に話してみましょう。何度も話すのは気が乗らないかもしれませんが、がんばって話したのに「なんか違ったな」で終わらせてしまうのはもったいないです。


もし親の新しいパートナーが話しやすい相手なのであれば、その人に話してみるのも素敵なアイディアだと思います。家の中に味方がいるのは心強いです。

また、親の新しいパートナーと一緒に来た子どもがいれば（継きょうだいと呼ばれます）その人もあなたと同じような体験をしていることになります。自分の気持ちを話したり、その人の話を聞いたりしてみるのもいいでしょう。

「継きょうだいはいないけれど、自分と同じステップファミリーの人に聞いてほしい」ということであればネットを使って探してみるのもひとつの方法です（個人情報には気をつけてくださいね）。前に少し紹介しましたが、ＮＰＯ法人ウィーズでは親の離婚を経験したことのあるスタッフさんが話を聞いてくれるサービスもあるようです。気になる方は調べてみてください。

呼び方は自分で決める

新しい生活の中で大きな悩みのひとつになりそうなのが、親の新しいパートナーの呼び方です。親は（もしかしたらパートナー自身も）その人のことを「お父さん／お母さん」と呼びなさい」と言うかもしれません。きっと「お父さん／お母さん」として、「親」として接してほしい気持ちがあるのでしょう。

けれどあなたはあなたの好きなように呼んで大丈夫です（悪口はだめですよ）。あなた自身が「この人は自分にとってどんな人かな?」と考えて、それに合った呼び方をしてかまいません。

あなたがそうしたいなら親のように「お父さん／お母さん」と呼んでも大丈夫です。友達のように名前で「〇〇ちゃん」と呼ぶのもいいでしょう。親戚や近所の人ぐらいの距離感で「〇〇さん」呼びでも構いません。まだ決められない、まだ呼べないのであれば「あの……」という呼びかけでもいいです。

そして呼び方はいつでも変えることができます。何かの出来事によって関係性が変わることはよくあることです。「時間が経ったから」というだけの理由で変わるときもあります。これは親のパートナーとの間だけで起こることではありません。どんな関係性の中でも起こることです。

ステップファミリーは「今日から家族です」で始まるので、スタート地点は少し変な感じがあります。しかし関係性は焦らず少しずつ育てていけば大丈夫です。思ったより育たなかったら育たなかったで仕方ありません。あまり深く考えなくても気づけば変わっていることもあるので、まず一番に自分の気持ちを大切にしてください。

新メンバーとの距離感を見つける

一番いい距離感というのは人によって違ってきます。もしあなたが親のパートナーに「ぐいぐいこられて居心地が悪い」と感じたとしても、「自分が我慢しなきゃいけない」とかそういうことはまったくありません。逆に「まったく会話がない……」と気になるからといって無理して話しかけなくても大丈夫です。

いきなり一緒に住んで、いきなりいい距離感を見つけるなんて無理な話です。探り探りいきましょう。嫌なことは「嫌です」と言って大丈夫です。親を通して伝えるのもアリです。いい関係ではなく、悪くない関係、ほどほどの関係が作れれば十分だと思います。

私が心配なのは「親に申し訳ないから我慢する」という考えです。「自分がこの人のことを悪く言ったら、嫌になって家を出ていくんじゃないか。そうなったら親に申し訳ない」と考えて、自分の気持ちを押し殺してしまう。それはやめましょう。何度も言いますが、自分の気持ちを大切にしてください。

なければいいとは思いますが、もしひどい扱いを受けているのなら早めに先生や警察、児童相談所などに相談しましょう。虐待の可能性があります。例えば殴られる・蹴られる、性的な行為をされる、家に閉じ込められる・食事をもらえない、言葉で脅される・きょうだい間で差別されている・目の前で他の家族に暴力をふるわれる、といったことはすべて許されないことです。

「自分がいま我慢すれば済むから」という話ではなく、あなたの大切な今後の人生にも影響してしまいます。「自分が悪いから」、そんなことはありません。誰かに助けを求めましょう。もちろん親のパートナーだけの話ではなく、誰からされても同じです。少しでも「おかしいな」と思ったら、そう思えるうちに早めに相談するようにしましょう。

もう一人の親と関わり続ける

ステップファミリーには必ず一緒に住んでいない親の存在があります。死別していてもう会えない場合や別の家に住んでいて時々会っている場合など、その関係性はさまざまでしょう。

どんな場合にせよ、あなた自身の思うように、もう一人の親の存在を大切にしてほしいと思います。もちろんあなたがそう思うなら「大切にしない」という選択もアリです。いろんな事情があるでしょうから。

あなた自身はもう一人の親を大切にしたいと思っているのに親やそのパートナーがそれをさせない、ということはないようにしましょう。「日本と世界」のはなしで紹介したように、子どもの権利条約には「子どもには父母を知る権利や父母と切り離されない権利がある」とちゃんと書かれています。もう一人の親と切り離されそうになったら「子どもの権利の侵害だー！」と怒って大丈夫です。そしてこの本を突きつけてください。

子どもが親のことを知っていたいと思うのは当然です。小さいころはそう思わなくても、成長につれて「知りたい」と思うようになることもあります。ですからステップファミリーになってしばらくしてから、もう一人の親のことを気にし始めることも十分ありえます。しかしそのとき親のパートナーが「なんで急にもう一人の親のことなんて気にするんだ……この家が嫌になった？　あんなに面倒を見たのに！」とびっくりして怒ってしまうこともあるかもしれません。そんなときもこの本を突きつけましょう。「この家の好き嫌いには関係なく、みんな気になってくるものなんだよ」と教えてあげましょう。わかっていないから怒るのです。

「ちゃんとした理由はないけど、なんとなくもう一人の親と会いたくない」と感じるときも、ちょっとだけでも関係を持ち続けておくことをおすすめします。会う気分でなければ電話や手紙、メールやＳＮＳでもいいです。連絡手段を確保しておいて会う気分になったときに会えるようにしておきましょう。

もう一人の親と新メンバーはどうしても立場が似ているので、頭の中の親像みたいなものがごちゃごちゃに混乱してしまいやすいです。しかしもう一人の親と交流を続けておくことで、「二人はまったく別の人間なんだ」と頭の中を整理することができます。「この人はこの人で、あの人はあの人」。そう考えるとまた新しい見方を見つけられるかもしれません。

気にする、気にしない、会う、会わない、全部あなたの自由です。あなたの希望に親や親の新しいパートナーが快く協力してくれると素敵だなと思います。どうしても協力してくれないなら祖父母など他の人にも相談してみましょう。

家以外での居場所を見つける

家で楽しく過ごせることが理想的ですが、家では楽しくなくても家以外の居場所を見つけられると楽になります。家の中が世界のすべてではないですしね。

居場所としては、ただ居られるだけではなく、そこに話せる相手がいることが大切です。「誰かに気持ちを話す」のところで出てきたような相談できる相手がいればなおよしです。例えば学校や塾、習い事、祖父母や親戚の家、バイトや仕事ができるようになればそこも居場所になるでしょう。

家の外では新しい考え方に出会うことができます。家の中では見つけられない考え方を見つけて、それからまた家の中のことを考えてみると新しい見方ができるようになります。そうすれば「こんなのどうすればいいんだ」と行きづまっていた難問も、意外と簡単に解けるかもしれません。もちろん解けなくても家だけを居場所と思っているよりはずいぶん気持ちが楽になっていると思います。

親は親の、新しいパートナーはパートナーの、他のメンバーは他のメンバーの理想があるでしょう。しかしあなたはあなたの考えを大切にして、話して、聞いて、少しずつ悪くない関係をつくっていけたらいいと思います。困ったときは迷わず誰かに相談してくださいね。

第六章　子どもを連れて結婚する方へ

あなたの立場からすると大切な子どもと大切なパートナーと一緒に暮らすことができるのですから、それはもう幸せなことでしょう。「うまくいくだろう」と前向きになれるでしょうし、それはそれで大切なことです。ただし子どももきっと同じ気持ちだと思っていると、うまくいかないかもしれません。

子どもの話を聴く

あなたにはあなたの気持ちがあるように、子どもには子どもの気持ちがあります。ぜひ子どもの気持ちをゆっくり聴く時間をとってください。一度だけでなく、定期的に二人の時間を作るようにしましょう。もしきょうだいがいるなら一人ひとり別々の時間を作るのがベストです。パートナーとの間に子どもが生まれても、それぞれとの二人の時間は持ち続けてください。

新生活が始まるときの子どもの反応はさまざまだと思います。最初からパートナーと打ち解けて仲良くしている場合もあれば、壁ができている場合もあるでしょう。その中間の「当たりさわりのない会話はするけど、仲がいいというわけでもない」という微妙な距離感になる場合もあると思います。

どんな場合でも子どもにとってはこれまで一緒に暮らしてきたあなたが頼りです。「新生活が始まった！」と思っていても、子ども側は「いままでの生活が終わってしまった……」と感じているかもしれません。これまでの生活と変わらない部分を作る、という意味でも二人きりの時間を作ってほしいと思います。

子どもからするとあなたとのつながりが強い分、あなたにとって大事な人がもう一人登場することをどこか受け入れきれないかもしれません。その気持ちも受け止め、子どもが大事であることは変わらないことを言葉でも、二人きりの時間を過ごすことでも、伝えてほしいと思います。

パートナーのことに限らず、子どもが新生活への不安や不満を漏らすこともあるでしょう。そういう不安や不満は「時間がたてば解決するだろう」と考えたくなるかもしれません。なにせあなたにとっては幸せな新生活が始まるところなので、ネガティブなことは考えないようにしてしまうものです。それに時間が解決する部分も確かにあります。

しかし楽観的になりすぎていると、うまくいくものもいかなくなります。不安や不満もしっかり受け止めて、変えられそうなところは積極的に変えていきましょう。

「聴く」だけでなく「話す」方も大切にしてみてください。知らないところで自分のことが決められてしまうのは子どもからするといい気持ちがしません。それぞれの考えや日本の制度のことも知って話し合いに参加できること、自分にも選ぶ権利があると感じられること、こうしたことで子どもは「自分は認められているんだ」と実感し、家のことに前向きに協力的になっていくと思います。

子どもの様子を気にかける

聴くことはとても大事なのですが、それだけでは不十分です。子どもは自分の気持ちに気づくことや言葉にすることが難しいことがあるからです。

子どもが話してくれたことを受け止めるのは大前提として、他にも変わった様子などがないかを気にかけるようにしましょう。新しい生活が始まって一年ほど経つまでは特に注意を払っておくといいと思います。

わかりやすいのは感情の部分でしょうか。イライラすることが増えたり、逆に口数が減ったり、ふさぎこむようになったり。それに体調。「だるい」「頭が痛い」「お腹が痛い」といった体調不良を訴えることが増えていないでしょうか。あとは行動。学校を休む日が増えたり、逆に夜遅くまで家に帰ってこなくなったりしていませんか。

こうした変化がすべて新しい生活のせいだとは言いません。学校やそれ以外でのトラブルの場合もあります。しかし「親の新しいパートナーが生活に加わる」という大きな変化はそれだけで子どもにストレスがかかるということも頭に入れておいてください。

知識として知っておくだけでも関わり方が変わってくると思います。

例えば子どもが「だるい」と言うことが増えたとき、あなたは「疲れているだけだろう」と思うかもしれません。しかし新しい生活にストレスがかかることを頭に入れておけば「疲れているのかな……。そういえば最近二人だけでゆっくりする時間がなかったな。次の休みは二人でのんびりしようかな」と考えることができます。選択肢が広がります。また、子どもがイライラしていても、つられてイライラせずに落ち着いて対応できるようにもなります。家では対応が難しい、状況が悪化してきている場合には「どこかに相談した方がいいかな」と早めに決断できるかもしれません。

気になる様子があるからといって「この生活の何が不満なの？」「言いたいことがあるならちゃんと言って」と執拗に聞き出そうと逆効果になります。子どもが言葉にできないものを無理に引き出そうとしても「できない」ことに直面させられた子どもはさらに困ってしまうだけです。

言えないことは「言えないこと」として受け止めましょう。そして、あなたから子どもに「前から変わらず大切に思っている」ことを伝えてください。その中で「言いたいことがあったらいつでも聞くからね」「もしかしたらこういうことが嫌なの？」とつけ加える程度にしておきましょう。

「親」を強制しない

パートナーと子どもの関係がうまくいくコツは、パートナーに「親」になってもらおうとしないこと、そして子どもにパートナーを「親」として接するよう仕向けないことです。それに尽きると思います。

あなたはゆっくり時間をかけてパートナーと信頼関係を作ってきたことでしょう。しかし子どもからすると、あなたほどに時間があったわけではありません。これからゆっくり時間をかけて信頼関係を作っていくところなのです。

そしてそのゴールが「親子」という関係だとは限りません。時間をかけた結果、どうなるかは誰にもわかりません。友達っぽくなるのか、親戚っぽくなるのか、他の関係性に近くなるのか、どれが二人にとってちょうどいいのかはわかりません。それなのに最初から「親子」をゴールとしてしまうと、どうしても無理が生じてしまいます。見かけは「親子」でも、中身は二人にとっては苦しい関係になるかもしれません。

　どうなるかわからない状況は不安にもなりますし焦りが生まれることもあります。でもそこをぐっと受け入れて、どうなるかわからない関係性も楽しんで見守りましょう。子どももパートナーも自分も幸せなら、親子とか関係ないですよね。困ったときに助け合える関係性なら大成功でしょう。焦らずどっしり構えてもらえると子どもも安心です。

「親」を強制しない、というのは子育て・しつけの面においても大事です。例えば子どもがルールを守らなかったとき、叱るのは親であるあなたがいいでしょう。パートナーが叱ってしまうと子どもからの余計な反発を生みますし、あなた&パートナーVS子どもの構図になってしまうと子どもが孤立してしまいます。あなたが叱ってパートナーがフォローするくらいがちょうどいいかもしれません。

　余談ですが子どもの前でパートナーと喧嘩しないでくださいね。せっかく子どもとパートナーが信頼関係を築き始めていても、その喧嘩を見ただけで関係性が崩れてしまうこともありますから。

もう一人の親について

子どもにとって、もう一人の親とあなたの新しいパートナーとはまったく別の人間です。どちらかがどちらかの代わりになるものではありません。ですからパートナーがいるからといって、子どもともう一人の親との関わりをなくそうとしないでください。この本を読んできたならわかってもらえますよね。父母と切り離されないのは子どもの権利です。

離別なら子どもと別居の親が会う機会は変わらず確保するようにしましょう。また離別でも死別でも、もう一人の親のことを家の中でタブーにはしないでください。あなたがどう思っていても子どもにとっては重要な存在です。子どものことを尊重するために、もう一人の親の存在も尊重するようにしましょう。

もう一人の親を子どもの前で悪く言うことも避けてください。「事実なんだから別にいいだろう」と思うこともあるかもしれませんが、子どもからすると複雑な気持ちです。子どもはその人の遺伝子を半分受け継いでいるわけなので、「自分も大きくなったらそうなるんじゃないか」とか「自分もいつか親に嫌われるんじゃないか」とか、なんだか不安になってくるかもしれません。いいことはひとつもありません。

もう一人の親側の祖父母、親族についても同じです。切り離してしまえば子どもにとっては大事な人を失う喪失体験となり、深い傷を残してしまいます。できるかぎり交流を続け、家でも子どもが気兼ねなく話題を出せるような雰囲気を作りましょう。


新しいパートナーからすると少し複雑かもしれません。「私が嫌ってこと？」「あっちの方がいいのだろうか？」と考えてしまうかもしれません。でもそういうことではないのです。もう一人の親やその親族も子どもにとって大切な存在で、いままで育ててきた関係性があるのです。あなただってパートナーだって、新しい生活が始まったからといってあなたたち自身の両親との関わりをやめはしないでしょう？　それと同じです（両親と仲が悪い人もいると思いますが）。他の人との交流を尊重することが子どもを尊重することにつながります。新しいパートナーは親とはまた別の立場で子どもとの関係性を作っていくことが必要です。

こういったことを新しいパートナーとちゃんと話し合って、子どもともう一人の親、祖父母、親族が関係を持ち続けられるようにサポートしてくださいね。

比較をしない

ステップファミリーの、というよりは誰にでも当てはまることになってしまいますが。やはり、比較をしない、ということは心の安寧を守るためにも大切です。

ステップファミリーは特に比べる対象が多い気がします。いまの自分の家族を、周りのいわゆる「ふつう」の家族と比べたり、ステップファミリーになる前の状態と比べたり。自分の子どもを周りの子どもと比べたり、パートナーの子どもと比べたり、新しく生まれた子どもと比べたり……いろんなところで比較できてしまいます。

それでも比較はしないようにしましょう。誰にとってもいいことはないと思います。自分たちは自分たちらしく、その子はその子らしくが一番自然で楽で楽しいです。よくないとわかっていてもやってしまうかもしれませんが、「あ、比べちゃったな」と思ったときに比べるのをやめましょう。比べるよりも強みを見つける方向がいいと思います。例えば「子どもがよく落書きしているけど、そういえばパートナーは元美術部だったな……これはチャンスだ！」みたいなこともあるかもしれません。

役割を用意する

子どもが新しい生活になじみやすくなるようにおすすめしたいのが、何かの役割を任せることです。皿洗い係や風呂掃除係のような家事の役割が手っ取り早いでしょう。いままでやっていたことがあればそれを続けるのがいいですね。年齢的に難しければ、あいさつ係（朝一番にあいさつする）や、お菓子係（今日のおやつを決める）でもいいです。逆に難しい役割がよければ、家族会議の進行役や記録係なども面白いでしょう。

役割を決めるポイントは、パートナーにも関係していることと、子どもが「自分もこの家族の一員なんだ」と感じられることです。家族の中で役割を担い、あなたにもあなたのパートナーにも認められる経験を積み重ねることで、家族の中に居場所を見つけていくことができます。子どもが自分の役割をこなしていたら、あなたからもパートナーからもきちんと「ありがとう」を伝えることが大切です。

イベントを用意する

外食やお出かけなど、家族で行動する機会を作ることもおすすめです。適当に理由をつくって少し特別なことをしましょう。そのとき無理に子どもとパートナーの仲を縮めようとしなくても大丈夫です。子どもが微妙な顔をしているのに、話をさせようとする必要はありません。子どもが嫌がっているときは、もちろん無理に連れ出す必要もありません。

子どもが楽しめることをして、子どもに「楽しい時間を（みんな一緒に）過ごしたなぁ」と感じてもらえれば大成功です。そういう経験が少しずつ重なって信頼関係は育っていきます。うまくいかなかった気がしても、焦らず心配しすぎないようにしましょう。また一、二カ月、必要だったらもっと長い間様子を見て、「行けそうかも」と思ったときに再び家族でのイベントを用意しましょう。

最初にあなたが楽観的になりすぎるのはよくないと書きましたが、新生活を楽しむ気持ちは持ち続けてほしいと思います。親が楽しそうにしていれば、それだけで子どもは安心できることもありますし、家の中の雰囲気も明るくなります。子どもの気持ちと同じようにあなた自身の気持ちも大切にしてください。

第七章　子どもがいる人と結婚する方へ

「これから子どもとどんな時間を過ごそう」とか、「こんな関係性になりたい」とか、楽しみな部分も大きいと思います。それに対して子どもの反応はきっとさまざまです。嬉しそうにしていたり、よそよそしくしていたり、予想できないような反応もあるかもしれません。

子どもとの過ごし方

焦らず、短くていいので、子どもと二人きりの時間を持ってみましょう。そうするとお互いに新たな発見が生まれると思います。

ただ、親の立場の方にはゆっくり話す時間を提案しましたが、あなたには「理由があって二人になる時間」を提案したいです。例えば習い事の送り迎えや、親の誕生日プレゼントを買いに行くことなどが思いつきます。最初から何の目的もなく二人で過ごすのはハードルが高いので、短い時間で、終わる時間の見当がついて、何か目的があって、最悪無言でもなんとかなることから始めるのがおすすめです。もちろん「二人でどこかに出かけよう」と誘って子どもが喜んで来てくれるなら、それで大丈夫です。

一緒に過ごすときに「何でもいいから、ひとつ、子どもについての新発見をする」という裏目標を立てるといいでしょう。パートナーから子どもの話はたくさん聞いていると思いますが、一緒に過ごさないとわからないこともあります。好きな色でも食べ物でもキャラクターでもスポーツでも、少しずつ発見していけると楽しいと思います。

子どもが話したくなさそうだったり、あなたが話すのが苦手なタイプだったりするなら別に話さなくても大丈夫です。無理せず、なんとなく同じ空間で一緒に過ごす時間を積み重ねていきましょう。

子どもがあなたに話しかけるとき、名前を呼ばず「あの……」と呼びかけてもよしとしてください。関係性を作っていくためには時間が必要なのです。

目に見えてわかりやすい変化はないかもしれません。しかし後々振り返ってみたときに、「ああいう時間も持ててよかったなぁ」と思えるでしょう。

「親」になろうとしない

パートナーの子どもの「親」になろうとするとき、自分から積極的に「なるぞ」と思っているパターンと、周りからの圧で「ならなきゃ」と思っているパターンがあると思います。

はっきり言うと、どちらもうまくいくイメージがありません。自分の体験や今まで見聞きした体験談からのイメージですが、「親」になろうとしていると逆に子どもとの関係が悪くなる可能性が高いです。

例えば「親」らしく、しつけとして叱ってみたり、ルールを作って守らせようとしてみたりすると子どもは反発します。あるいは避けようとします。アニメとかでありますよね、近所のおじいさんが「こらー！」って怒ると子どもたちは逃げていく、そんな感じです。怒られたからってそのおじいさんを「親」と思うことはまずありません。逆に近くには寄りつかなくなります。

しつけは大人と子どもの信頼関係のうえで成り立つものです。信頼関係のできていない大人がするものではありません。あなたが来てからしつけの仕方が変わったとなると、子どもはあなたを「悪者」のように感じてしまいます。それはあなたのためにも子どものためにも避けたいことですよね。

また、「〝親〟になるために、子どもを心の底から愛さなければいけない」という考えもつらいと思います。「大切にする」はしてほしいですが、「愛する」までは別にいいんじゃないでしょうか。それこそ誰かを愛そうと思って愛せるものでもないですよね。ふとした瞬間に「愛してるなぁ」と気づくものです。素直な気持ちで無理せず過ごすのが一番です。

もちろん子どもが親の新しいパートナーのことを「親」のように感じるようになるケースもあります。ただその場合、パートナーの方はあまり「親」にこだわっていないようです。一緒にいて楽しい遊び相手であったり、困ったときに真剣に相談に乗ってくれる頼れる相手であったり……「親」にこだわらず、子どもとの一対一の関係性そのものを大切にしていくと、子ども側がその関係性に「親子」という名前をつけることもあるようです。

「家族」であろうとする

子どもの「親」にならなくても「家族」であることはできます。それも完璧な家族ではなく、「ふんわり家族」で大丈夫です。そこが誰にとっても楽で自然な目標だろうと思っています。さきほど出てきたような、子どもにとって「一緒にいて楽しい遊び相手であったり、困ったときに真剣に相談に乗ってくれる頼れる相手であったり」する存在を目標にするとよいでしょう。

最初は信頼関係作りからです。「子どもとの過ごし方」で紹介したように二人の時間を作ったり、あるいはパートナーも含めて一緒に過ごしたりして、子どものことを知っていきましょう。話を聞くときのポイントは否定から入らないことです。否定されれば「この人に話しても意味ない」と思って話さなくなってしまうかもしれません。教えてもらう姿勢で少しずつ聞いていくといいでしょう。

「ありがとう」と「ごめんね」はきちんと言葉にするようにしましょう。小学生に言うようなことで申し訳ないのですが、家ではおろそかになりやすい言葉の代表格です。家族になるために、人間関係の基本である感謝と謝罪の言葉を忘れないようにしましょう。

信頼関係ができてきたら、何をしたいか相談して一緒に遊んだり遠出をしたり、過ごし方の幅を広げていきましょう。決定は子どもにゆだねてくださいね。もしあなたの趣味に子どもが興味を持ったら、教えながら一緒にやってみるのも楽しいと思います。

何か相談されたときは一緒に考えてみてください。正解を出そうとしなくていいので真剣になってもらえれば、それは子どもにも伝わります。

ひとつ前のところで書いたように子どものしつけにはあなたは関わらず、パートナーに任せるのがいいでしょう。あなたはパートナーのサポーターになりましょう。学校ではT２と呼ばれる存在です。教壇に立って授業を進める先生（パートナー）の補助役、つまずいている子にそっと近づいてフォローをする、そんなイメージです。パートナーはあなたの子育てに期待しているかもしれませんが役割分担は大切です。

例えばパートナーと子どもの意見が合わないとき、第三者の立場だからこそうまく意見をすり合わせることができるかもしれません。どちらかの言いたいことを代弁することもできますね。

パートナーが子育てのことで悩んでいたら相談に乗ることもできます。時間が足りないようなら家事の分担を考え直してもいいかもしれませんし、解決が難しそうなことなら一緒に相談機関に行くこともできます。

パートナーがいないときに子どもが約束事を破ってしまうときもあるかもしれません。そのときは「（パートナーである）お父さん／お母さんとの約束だよね」と伝えましょう。あくまでサポートに徹します（お菓子をつまみ食いするくらいなら、「じゃあ私も食べちゃおっかな」と共犯になるのもおちゃめで楽しい気もしますが。その辺はご自身のキャラに合わせてどうぞ）。

こんな風に楽しいときも困ったときも、一緒に過ごしていければ十分です。サポーターだからできることもたくさんあります。子どものサポーター、パートナーのサポーターをしているうちに、同じ家に住む「家族」としての一体感が出てくるのだと思います。サッカーでサポーターが十二番目の選手だと言われるのと近いかもしれません（日本だけのようですが）。子どもの方にも「家族」としての感覚が育ってくれば、あなたが困っているときは助けたいと思うようになるかもしれません。

もう一人の親について

一緒には住んでいない子どものもう一人の親について、複雑な感情があっても無理のないことだとは思います。ただひとつお願いとしては、もう一人の親と子どもが関わることの邪魔はしないでください。それだけです。

子どもにとってもう一人の親はいつまでも親です。その人があなたより優れているとか懐かれているとか、そういうことは関係ありません。子どもにとってその親はその親で、あなたはあなた、まったくの別人です。同じ枠組みにはいない、比べようのない二人なのです。

もしもう一人の親と関わることをあなたが嫌がっているのが子どもに伝われば、子どもはどう思うでしょうか。もう一人の親への気持ちとあなたへの申し訳なさに板挟みになり、苦しむことになります。最悪の場合もう一人の親、あるいはあなたとの関係性を失ってしまうことになるでしょう。それは子どものためになりません。

子どもともう一人の親との関わりは、ただ見守っていてください。その人に会うことはないかもしれませんが、同じ子どもに関わる同志くらいに思ってください。逆に全然平気なのであれば、子どもを支えるチームの仲間として協力するのも素敵だと思います。

パートナーとの喧嘩は見せない

一緒に住んでいればパートナーに対しても少なからず嫌なことが出てきて、それを言いたくなるでしょう。しかし子どもが近くにいるときに喧嘩をしないようにしましょう。あなたがいきなり怒り出すと子どもは驚いてしまいます。自分の親が怒られているのを聞いて怖くなったり、怒りが湧いてきたり、あなたにどこか裏切られた気持ちになるかもしれません。そうすると今まで大切に作ってきた関係性が揺らいでしまいます。

怒りたくなったときは一旦深呼吸をして落ち着いて、「今は子どもが聞いている。だから言い方を和らげよう」、あるいは「後で二人のときに話そう」と考えるといいでしょう。

感情を抑え込む必要はありませんが、上手に表現するようにしてみてください。

パートナーの方があなたに怒り始めたときも同じです。子どもが近くにいるなら「後で二人で話そう」と提案して子どもを安心させてください。怒っているのが自分の親だとしても、子どもは怖くなったり不安になったりすることがあります。頭に入れておいてもらえるとありがたいです。

子どもにとって「嫌だな」と感じる時間はできるだけ減らしましょう。そして子どもがほっと安心できる時間を増やしていくことで、関係性を深めていってください。

パートナーとの時間を作る

この本を読んでいると子どものことばかり考えてしまいそうですが、パートナーのことも忘れないでください。結婚したい、一緒に住みたいと思ったのはあなたとパートナーです。子どものことばかり考えてしまって、パートナーのことがおろそかになるのは本末転倒です。

夜子どもが寝た後などに二人でゆっくり話す時間を作りましょう。生活の中で気になっていること、心配なこと、嬉しかったことなどを共有できるといいと思います。ステップファミリーは特にそれぞれの気持ちを話し合って共有することが大切なので、話す時間はぜひ作ってください。

逆に子どもが起きているときは二人の甘い空気感が出過ぎないように気をつけましょう。子どもの疎外感や嫉妬心が強まるきっかけになってしまいます。親がしあわせそうなのは子どもとして嬉しい気持ちもあるのですが、ほどほどでお願いします。

もし子どもにも関係するような、例えば家の中のルールを作るといった場合には、子どもも話し合いに参加できるようにしましょう。勝手に決められるよりも自分で選んで納得できた方がルールを守る意識が高まります。

パートナーのことを大切にしつつ、パートナーが大切にしている子どものことも大切にする。パートナーとの間に子どもが生まれたら、その子のことも大切にする。最初は大変かもしれませんが無理せずやってみてください。

第八章　ステップファミリーで生まれた方へ

なかなかこの本では触れられていませんでしたが、当然親と新しいパートナーとの間に生まれる方もいると思います。子どもの立場からすると、異父／異母きょうだいと呼ばれる存在です。

私には異父／異母きょうだいはいませんでしたし、ステップファミリーで生まれたという方とも会ったことがありません。ですから私にとってあなたはまだよく知らない立場の方という感じです。どんなことが困ったり嬉しかったりするのか、完全に想像になってしまうので書くことができませんでした。

しかし異父／異母きょうだいがいる方の話を聞いたことはあります。その方は「新しいきょうだいができて、とても嬉しかった」と話していました。家族全員でその子をかわいがり、親の新しいパートナーとの距離も近づいたとのことでした。

それを聞いて私は「すてきだなぁ」と尊敬するような気持ちになりました。母と継父がいるだけで大変だった私は「きっときょうだいが生まれたらもっと大変だっただろうな、もっと自分だけ仲間外れのように感じただろうな」と想像したからです。しかしもしかしたらそのきょうだいが、私にとって大切な存在になっていた可能性もあるでしょう。

誰かに気持ちを話す

さてあなたはいま自分の家族をどのように感じているでしょうか。この本を読んでいるということはステップファミリーだ、とは思っているのでしょうか。「半分だけ血のつながっているきょうだいがいて、変な感じ」と思っているのかもしれません。

きっとあなたがどう過ごしてきたかによるのでしょう。さきほど紹介した家族のように家族みんなにかわいがられ、認められていれば「周りと違っても、うちはうち」と考えるのかもしれません。逆に私のようなひねくれ異父／異母きょうだいが家にいるなら、嫉妬されたり避けられたりしてイライラしているかもしれません。

きょうだいが異父／異母きょうだいであることをなかなか知らされない場合もありま

す。その場合は「この妙な空気は何なんだろう……」とずっと一人で悩んできたのかもしれませんね。

あなたにとっての異父／異母きょうだいがいろいろ悩んでしまうことは、この本を読んでもらえばなんとなくわかってもらえると思います。ですから「なんであの人いつも私に冷たいんだろう」と思うのなら、その答えの一部はこの本にあるでしょう。仲間外れの感覚に苦しんでいるのです。許してくれとは言いませんが理解してもらえればと思います。

一方であなた自身も悩んでしまう立場かもしれません。しかし私には「私が悩みを想像して、それに私が答える」という不毛なことしかできませんのでやめておきます。

悩みがあればぜひ周りの人に相談してみてください。「親が結婚した方へ」の章でもお伝えしたことですが、周りの人の中に「まったく同じ体験をしたことがある」という人はいないかもしれません。しかしあなたの気持ちはきっと誰かに受け止めてもらえます。たいしたことが言えず申し訳ないです。もし「いや違う、自分はこう感じているんだ」という思いがあれば、どこかで発信してもらえると助かります。きっと世の中のステップファミリーの人やそうじゃない人も「そういうふうに感じるんだ」と気づかされると思います。ＳＮＳでも本でも何でもいいので、どんどん発信してみてください。

第九章　周りでサポートする方へ

ここからは当事者ではなくその周りの方に対して、ステップファミリーをサポートするときのポイントを紹介していきます。この章を読む前でも後でもいいので「提案したいこと」の他の部分もすべて読んでもらえると理解が深まり、もう少し細かいアドバイスもしやすくなると思います。

親戚や保育・教育の現場で働く方など、子どもの身近な相談相手になる可能性がある人を想定しています。さらに、家族支援を行っているような家庭裁判所の調査官、自治体の職員、医療や保健の現場に携わる方々、司法や心理などの専門家の方にも参考になるかもしれません。

親の新しいパートナーの呼び方

まずは親の新しいパートナーの呼び方です。あなたが子どもの前で親のパートナーのことを言いたいときに「新しいお父さん／お母さん」という呼び方をすることは、できる限り避けてほしいと思います。

呼び方は一見単純なようで複雑な問題です。親から「お父さん／お母さん」と呼ぶように強いられたり、子どもが自分から呼び方を変えようとがんばっている途中だったり、しっくりくる呼び方がまだ見つかっていなかったり。特に最初は呼び方に迷い、「こう呼びたいのに呼べない」と子どもが葛藤している場合もあるでしょう。

ですから一人ひとりの子どもの捉え方や、気持ちを大事にしながら接してほしいと思います。おすすめはその子自身が何と呼んでいるかを聞き、自分も同じように呼んでいいかを確認してから呼び始める方法です。しばらくして子どもが呼び方を変えたら、同じように呼び方を変えるといいと思います。そうすることで子どもの気持ちを大切にしていることが伝わり、子どもの安心感につながります。

子どもの気持ちに寄り添う

先入観に囚われず、目の前のその子のことを知ろうとしてほしいと思います。例えば「家族が増えたんだから楽しいに決まっている」であったり、「いきなり家族が増えるんだからストレスも溜まるだろう」であったり、第三者としてはいろいろ想像するでしょう。

しかしいい想像も悪い想像も、当てはまっている可能性もあれば全部間違っている可能性もあります。自分の想像や先入観を疑わないまま子どもに接してしまうと、子どもは自分の気持ちとのずれを感じ、素直に気持ちを話しにくくなってしまいます。

想像すること自体は悪いことではありません。大切なのは「これは自分の思い込みかもしれない」と気づいて想像に振り回されないことです。子どもの反応が自分の想像と違っていても、すぐにそのことを受け入れられれば子どもの気持ちを素直に受け止めることができ、子どもも安心して話すことができます。

また、子どもがみんな自分の気持ちに気づいているわけでも、気持ちを言葉にできるわけでもありません。話を聞くだけでなく普段の様子もよく観察してみてください。いつもより元気がない、眠そう、イライラしているなど、何気ないサインでも子どもの救援信号かもしれません。変わった様子があれば声をかけてみてください。あまりにもおかしいと感じることがあれば、相談機関へつなげることも検討しましょう。

私はこういった本を書いていますがステップファミリー生活もそう悪いものではないと思っていますし（ほんとですよ）、他にもいろいろな形のステップファミリーがあることを知っています。いろんな家族があることは一般的な家族もステップファミリーも同じです。ですからステップファミリーで一括りにせず、その家族ひとつひとつ、子どもひとりひとりに目を向けてもらえるとありがたいです。

「家族」と「親」を区別する

新しく家族になった人は子どもの親のパートナーであり、養子縁組をしていれば親の立場であるため、「親」のように見えるのも仕方のないことだと思います。しかしこれまで紹介してきたように子どもから見て「親」なのかは子どもによって異なるうえ、「親」になろう、あるいはしようとする大人の意図もいい方向に働かないことが多いです。したがってあなたも親の新しいパートナーを「親」扱いしない方がいいでしょう。

その方が誰も無理をする必要がありません。

だからと言ってその人を他人として部外者にしてしまうのも違います。同じ家に住む大人であり、子どもに対して責任がある立場です。子どもをサポートする同じチームのメンバーとして考えましょう。

子どもからすると「親」とは思っていなくても、「家族」だと思っている可能性はあります（「家族」とも思っていないこともありますが）。なんなら大人よりも子どもの方が「親」と「家族」の区別ができているときもあります。いろいろなケースがあるので「親と思っていないなら、家族でもないか……」と直結して考えるのではなく、ぜひ目の前の子どもの考えを聞き、素直に受け止めるようにしてください。

ステップファミリーとして考える

さきほどの「『家族』と『親』を区別する」とつながるのですが、多数派の「ふつう」の家族とステップファミリーも区別して考えましょう。「ふつう」の家族にするような助言では、ステップファミリーの場合はうまくいかないことも多いです。さらに、うまくできないことを恥ずかしく思って、もう周りの人に相談できなくなってしまうかもしれません。

ステップファミリーはステップファミリーとして考え、より現状に合うようなアドバイスをすることがいい変化へとつながるでしょう。例えば「子どもと親の新しいパートナーの目指すところは親子関係ではない」ということ、「親が子どものしつけを中心的に担い、パートナーはそのサポートをする」ということ、「全員で過ごす時間も大切だけれど、親と子、親のパートナーと子、親とパートナー……それぞれが二人で過ごす時間も大切にする」ということ、こういったことを念頭に置くことが大切です。

もしかするとステップファミリーとして見られることを拒み「『ふつう』の家族として扱ってほしい」と言う方もいるかもしれません。そういうときはそういうときで、無理にステップファミリーという言葉を使う必要はないです。対立してほしいわけではありません。「ステップファミリーはね」などと言わず、さりげなくステップファミリーのポイントを伝えていきましょう。もしかしたらいつかその方も「ステップファミリーとして考えるとこんなに楽だったんだ」と気づくかもしれません。

「ステップファミリーとして考えるなんて差別じゃないか」と感じる方ももしかしたらいるかもしれません。しかし差別ではなく区別です。さまざまなところで男女平等の考えが広がっていますが、男女で分かれているプロスポーツ競技を男女混合にしようという動きは聞いたことがありません。同じことです。それぞれがそれぞれの強みを活かすための枠組みは必要です。

「自分たちはこれからどうやって、自分たちらしい家族になっていけばいいのかわからない」、「『ふつう』を目指してやってみたけれど、どうもうまくいかない。他の方法があるなら知りたい」という方には、ぜひ「ステップファミリー」という言葉だけでも伝えるようにしてください（この本を紹介してもらってもいいです（宣伝））。その言葉でネットを検索するだけでも、いろいろな役立つ情報が出てきます。

相談先を調べておく

もし周りにステップファミリーになって悩みを抱えていそうな子どもや大人がいたら、あるいは相談されたけれど自分だけでは力不足だなと思ったら、相談機関を紹介することも大切です。そのために前もって紹介できる相談先をいくつか見つけておくといいでしょう。しかし中には「普通の家族と同じようにすればいい」「新しいお父さん／お母さんとして受け入れれば大丈夫」と無理難題を言うところもありますので、そういいうところは避けましょう。

まず思い浮かぶのは、学校のスクールカウンセラーでしょうか。それから家庭や子育てについての相談窓口。家庭の悩みを扱う相談先はたくさん用意されています。

悩みが身体に症状として表れたとき、例えば、眠れない、食欲が出ない、何をしていても楽しくなくなった、といった症状がある場合には、一度精神科（児童精神科）にも相談するのも選択肢のひとつです。子どもの場合はかかりつけの小児科で相談するのもいいでしょう。ただし、「家族のことで強いストレスを感じているかもしれない」と伝えなければ誤診につながることもありますし、医師もステップファミリーについて詳しくない方がほとんどであることは頭に入れておきましょう。

また、精神科には心理の専門家（臨床心理士や公認心理師）がいる場合もあります。そういう方につないでもらえればじっくり話を聞いてもらうことができます。ただ、こちらもステップファミリーに詳しい方はそう多くはないでしょう。期待しすぎずステップファミリーに詳しかったらいいなぁぐらいの気持ちで相談するといいかもしれません。

法律に関わることなら弁護士に相談するのも方法の一つです。子ども向けにも無料相談窓口が用意されています。


ステップファミリーに詳しいところに相談するのもいいでしょう。ＳＡＪという支援団体はステップファミリーの大人の立場の方が中心となって作られた団体です。ホームページには継子の立場の方のインタビューも載っているので、他のステップファミリーを知る場としても役立つでしょう。また、ＮＰＯ法人ウィーズはステップファミリー専門ではありませんが、親の離婚など家庭環境に悩む子どもの相談に広く対応しています。

もし子どもへの虐待が疑われるようなら児童相談所に相談してください。これはあなた自身が連絡するようにしてください（児童虐待防止法（児童虐待の防止等に関する法律）にも、「通告しなければならない」と書かれています）。ためらいもあるかもしれませんが、子どものこれからの将来にずっと影響することなのでよろしくお願いします。

こうした相談先を調べておくことで、いざというときに役に立ちます。ぜひ知識を持って周りのステップファミリーの方の力になってください。

おわりに

ここまで読んでみていかがでしたでしょうか。なんとなくでも伝わるものがあったでしょうか。私の考えを丸のみにする必要はありません。この本をあなたが考える材料にしてください。もし少しでも参考になったり、選択肢を増やしたりするお手伝いができていれば嬉しいです。

母や継父やいろんな人への思いも当時を思い出しながらできるだけ言葉にしましたが、決して悪く言いたいわけではないことをご理解ください。感謝もしていますし、それぞれがそれぞれの経験や気持ちにしたがって行動していた結果だと思います。一言で言ってしまえば、いい思い出です。それがこの本を作る材料になって誰かの役に立つのであれば、思い出も本望でしょう。

この本を作り上げるうえで、大変多くの方にお世話になりました。まずは原稿の最初の読者になってくれた友人むっちゃん。祖母の言葉に傷ついたとき連絡したのもむっちゃんでした。いつもお世話になっています。書籍化を後押ししてくださった野沢慎司先生。出版社を紹介していただいた後も監修として関わってくださり、たくさんのヒントや励ましの言葉をいただきました。金剛出版編集者の中村奈々さんにも何度も相談にのっていただきました。そしていつも私に一歩踏み出す勇気をくれる、私のパートナー。あなたがいなければこんな風に人の役に立つことをしようとは思わなかったでしょうし、この本はできなかったでしょう。最後に母や継父含め、私に私の体験を「いい思い出」と思わせてくださる、今までお世話になったすべての方々に感謝いたします。

ステップファミリーの子どもが、すべての子どもたちが、自分らしくいきいきと過ごしていけることを願って。

きむらひとみ

もっと知りたい方へ

おすすめの書籍

●ステップファミリーのきほんをまなぶ　離婚・再婚と子どもたち

（SAJ（ステップファミリー・アソシエーション・オブ・ジャパン）野沢慎司編　緒倉珠巳・野沢慎司・菊地真理著　金剛出版　二〇一八年）

タイトルどおりステップファミリーの基本が詰め込まれている書籍です。大人向けの内容になっていますが、具体的なエピソードが漫画になっていて読みやすい部分もあります。この本ではあまり触れられなかった継きょうだい、異父／異母きょうだいについても書かれていますのでもっと詳しく知りたい方にもおすすめです。

●お父さんお母さんへ　ぼくをいやな気もちにさせないでください　離婚した両親への手紙

（リム・ヒュイミン作　野沢慎司訳　二〇一九年）

親の離婚についての気持ちを子どもの立場から表現したシンガポールの絵本です。日本語版が日本離婚・再婚家族と子ども研究学会のウェブサイトから無料で読めます。{https://jarcds.org/hon/}

●パパのカノジョは

（ジャニス・レヴィ作　クリス・モンロー絵　もん訳　岩崎書店　二〇〇二年）

父親の彼女について女の子が語っていく、アメリカの絵本です。子どもが読んでも大人が読んでも共感したり、はっと気づいたりする部分があると思います。

●パパはジョニーっていうんだ

（ボー・R・ホルムベルイ作　エヴァ・エリクソン絵　ひしきあきらこ訳　BL出版　二〇〇四年）

紹介の仕方が難しく、この内容が他の方にどう伝わるのかもわからないのですが、とりあえず一回読んでみてほしい絵本です。

●バイバイわたしのおうち

（ジャクリーン・ウィルソン作　ニック・シャラット絵　小竹由美子訳　偕成社　二〇〇〇年）

両親が離婚してそれぞれの家を行ったり来たりすることになったアンドレアのお話です。もともと三十年ほど前にイギリスで書かれた作品なのでピンとこない部分もあるかもしれませんが、主人公の子どもらしい表現がおもしろく、さくさく読むことができます。イギリスで、子どもたちが審査員になって選ぶチルドレンズ・ブック賞も受賞しています。

●りこんのこども

（紫原明子著　マガジンハウス　二〇一六年）

親の離婚を経験した子どものエピソード集です。実際にインタビューした内容を基に書かれているようです。親が再婚するというエピソードもいくつか含まれているので、ステップファミリーのエピソードとしても参考になるところがあります。さまざまなエピソードを知りたい方におすすめです。

●ルポ定形外家族　わたしの家は「ふつう」じゃない

（大塚玲子著　SB新書　二〇二〇年）

こちらも子どもの立場の方のインタビューをまとめたものです。LGBT・夫婦別姓・婚外子・虐待など、さまざまなテーマが取り上げられている中に親の離婚・再婚の要素も入っています。ちなみに「おわりに」の中で「……。そう考えれば、みんながハッピーになれます。」と書かれていて、この本で「みんなハッピーになれればいいなと思います。」と書いた私は勝手に親近感を覚えました（書いた後に拝読したのでパクリではないですよ）。

【参考書籍】

執筆にあたって参照させていただいた書籍です。専門的な内容にはなりますが、より詳しく知りたい方はご覧ください。

●家族の変容と法制度の再構築　ジェンダー／セクシュアリティ／子どもの視点から
（二宮周平・風間孝編著　法律文化社　二〇二二年）

●ステップファミリー　子どもから見た離婚・再婚
（野沢慎司・菊地真理著　角川新書　二〇二一年）

●日本の家族と戸籍　なぜ「夫婦と未婚の子」単位なのか
（下夷美幸著　東京大学出版会　二〇一九年）

この本の物語につながる方々へ——おそらくあなたもその一人です！

野沢慎司（明治学院大学教授）

ステップファミリーなんて私には関係ない言葉だと、あなたは思っているかもしれません。

私は二一世紀に入ったばかりの頃に、日本に暮らすステップファミリーに初めて出会いました。日本で初めてステップファミリーを応援したり助けたりする団体（ＳＡＪ）が作られたときに、たまたま声をかけてもらったご縁でステップファミリーの研究を始めました。家族の研究者だったのに、それまで日本に暮らすステップファミリーの人たちについて考えたことがありませんでした。

そもそも日本語には「ステップファミリー」という言葉がありませんでした（今でもこの新しい言葉の意味はなかなか伝わりません）。名前がない家族は見えません。名前がないために、まるで存在していない家族になっていました。名前を知らなければステップファミリーで暮らす当人にも、自分の家族とほかの家族の違いは意識されないのです。

初めのうちはおもにステップファミリーの大人の方々に家族の経験を聞かせてもらいました。ところが、ステップファミリーを経験した元子どもの若者にもお話を聞き始めると、大人側からと子ども側からでは同じ「ひとつの家族」の経験なのに、まったく違って見えるのだと気づきました。ちょうどその頃、見ず知らずの私にメールをくれたのが、この本を書いたきむらひとみさんです。当時は大学生でした。それから十年後の今、この本を読んで、きむらさんの子ども時代から現在に至る、ステップファミリー経験を詳しく知ることができました。

きむらさんは、学生時代から学びを重ねて、その後、子どもや家族を支える専門の仕事をする中で、自分の経験を表現する力を蓄えてきたのだと思います。ステップファミリーという言葉（名前）を手に入れてから、自分の経験ひとつひとつに丁寧に言葉を与えるという作業を重ねてきたことが本文中から読み取れました。そして、幼い頃から今までの、もやもやした気持ち、むかむかした気持ち、ぎりぎりまで追い詰められて悲しくなった気持ちに決着をつけたいという意志がこの本を書かせたのだと感じました。

きむらさんの文章は、ほどよいユーモアも混じっていてとても柔らかいのですが、同時にきわめてきっぱりと、今ならこう言える、あの頃こう言いたかったという明確な主張を含んでいます。ステップファミリーの子どもとしての深い感情を、読みやすい文章に練り上げた主張です。とくに苦しい経験をやさしく語ることがどれほど難しかったのかは、想像することしかできません。

きむらさんのこの本は、第一に、子どもたちに向けて書かれています。親の離婚（または親との死別）の後で親の一人（または二人）が別の人と結婚するという経験をした（元）子どもたちのための本です。家族の外から見えにくいだけでなく、家族の中にいるのに子どもにとって見えにくい出来事がつぎつぎと進行することが多いのが親の離婚・再婚です。子どもたちは、同じような経験をしたほかの子どもたちの声を聞く機会がありません。そして、誰にも言えない自分だけの出来事を胸の内にしまいこみます。きむらさんの物語は、そうした（元）子どもたちに、自分の物語を誰かに語る勇気を与えてくれると思います。

もちろんステップファミリーの子どもたちの経験は、一人一人違っています。本当にさまざまです。きむらさんの経験にもユニークな点がたくさんあります。それでも、自分の経験と重ね合わせて、きむらさんの成長の物語から多くの（元）子どもたちは気づきや応援を受け取ることでしょう。できれば、経験者本人だけでなく、友だちなど自分の大事な人がステップファミリーという見えない家族の中にいる（いた）ことに気づく可能性のある（元）子どもたちにも読んでほしいです。

第二に、この本はさまざまな大人に向けて書かれています。この本は、きむらさん個人のたった一人の物語のはずなのに、どんどん視野を広げ、世界の状況にまで関心を向けていきます。いろいろな角度からの学びに基づいて、多様な立場の大人に向かって、少しずつ違ったアドバイスをこの本の後半で展開しています。しかも、私のような研究者にはまねできない、わかりやすい（なのに正確な）文章で。

自分の子どもや継子の気持ちがわからない（いや、わかっているつもり）の父母や継父母の皆さんにぜひお薦めします。祖父母などを含めたステップファミリーの大人たちが子どもたちを理解するための糸口が得られると思います。

仕事で日々接する子どもや家族に、ほぼ必ずと言ってよいほどステップファミリーが含まれている保育・教育・社会福祉・臨床心理・司法・医療・保健など多分野の専門家の皆さんには必読書です。目の前の子どもと大人の間に何が起こっているか、目を凝らしてよく見なければいけないと気づくためにも、まずはページをめくってください。きむらさんがこの本を書いた勇気に感謝したくなるのは私だけではないと信じます。

この本は、ほかでもない、あなたのための本です。

著者略歴

きむら　ひとみ

某国立大学卒業、大学院教育学研究科（修士課程）修了。その後、療育機関や学校、大学病院などで、約10年間子どもや保護者の支援に携わる。臨床心理士、公認心理師。今年こそキャンプがしてみたい。

ステップファミリーの子《こ》どもとしての私《わたし》の物語《ものがたり》

親の離婚・再婚でできた「ギクシャク家族」が「ふんわり家族」になるまで

2023年10月20日　印刷
2023年10月30日　発行

著　者　きむら　ひとみ
発行者　立石　正信
発行所　株式会社金剛出版
〒112-0005　東京都文京区水道1-5-16
電話 03-3815-6661　振替 00120-6-34848

装幀　臼井　新太郎
装画　きむら　ひとみ
印刷・製本　三協美術印刷

ISBN978-4-7724-2001-3　C3011